Erklärung und Ermunterung

Verehrte Leserin, geschätzter Leser,

Sie haben ein Buch erworben, das in ungewöhnlicher Verbindung zu Leben und Werk des Hermann Fürst von Pückler-Muskau steht.
Es handelt sich um eine Sammlung allerlei tolldreister, urkomischer, philosophisch-hintersinniger und kritischer Betrachtungen des weitgereisten Fürsten, die allesamt aus Veröffentlichungen zusammengetragen wurden, um Sie auf mancherlei Umwegen und auf unterhaltsame Weise mit einer außergewöhnlichen, in allen Farben des geistigen Spektrums schillernden Gestalt des 19. Jahrhunderts vertraut zu machen.

In acht Kapiteln haben wir kurz und knapp Reiseberichte, Zeitbetrachtungen, Briefwechsel, Abenteuer und politische Verrisse, Aphorismen, ja selbst Rezepturen angeführt, die bestens geeignet sind, das Bild des bekannten und allseits geschätzten Parkgestalters und Weltenbummlers um eine Vielzahl amüsanter und erheiternder Nuancen zu bereichern.

Lassen Sie sich also einfangen und verzaubern von den großartigen und den skurrilen Ideen, von den biografischen Umwegen und Irrungen, von den Lobpreisungen und Anfechtungen der Verehrer und der Kritiker des Fürsten Pückler.

Die Herausgeber

Hans-Hermann Krönert

Der tolle Pückler

Hans-Hermann Krönert

Der tolle Pückler

Hermann Fürst von Pückler-Muskau
in Selbstzeugnissen und im
Urteil seiner Zeitgenossen

Regia Verlag

Inhalt Die Lesestücke

Leben, Werke, Parke	■	5 - 7
Biographische Betrachtungen	1	8 - 12
Lust und Frust des Reisens	2	13 - 25
Skurriles	3	26 - 39
Aus dem Briefwechsel	4	40 - 49
Zeitgenossen	5	50 - 65
Literatur und Kunst	6	66 - 69
Anekdoten, Aphorismen, Karikaturen	7	69 - 78
Vermischtes	8	79 - 82
Anhang	9	83

Pückler...
...sagt von sich:

Hochmütig durch Geburt und Erziehung und **liberal** durch Nachdenken und Urteil.

TF 4/144

Bei mir heißt es nicht:
Was werden die Leute **davon** sagen?
Sondern:
Werden auch die Leute **etwas** davon sagen?
BT 4/230

PÜCKLER IN DER UNIFORM DES 12. PREUSSISCHEN LANDWEHRREGIMENTS
LITHOGRAPHIE VON FRIEDRICH JENTZEN NACH EINEM GEMÄLDE VON FRANZ KRÜGER 1824

Hermann Fürst von Pückler-Muskau dieser Name verbindet sich bei dem einen ausschließlich mit einer speziellen Eissorte, beim anderen mit blauem Blut von hohem Adel; mit orientalischen Abenteuern, einer dunkelhäutigen Gespielin, mit Rassepferden; schließlich auch mit großartigen Parkanlagen und einer kleinen Pyramide aus Erde in der Nähe des fürstlichen Schlosses Branitz bei Cottbus, die seine chemischen Überreste und sein Herz birgt.

Dutzende von Büchern schildern des Fürsten bewegtes Leben, noch mehr seine großartigen Landschaftsschöpfungen - doch wenige nur zeigen seit der Erstausgabe seiner Bücher den Wortkünstler Pückler. Lesern soll mit dem vorliegenden Buch der originelle Schreiber und Selbstdarsteller Pückler, der gebildete Fürst, der vielseitig interessierte Lebemann und Abenteurer in eigenen Aussagen und im Urteil seiner Freunde und Bekannten vorgestellt werden.

Das Buch heißt „DER TOLLE PÜCKLER", wobei das Eigenschaftswort „toll" sowohl im Sinne von kühn und abenteuerlustig, verrückt und unbescheiden als auch in der Bedeutung von großartig und außergewöhnlich, phantastisch, bemerkenswert und wirkungsstark gebraucht und verstanden werden soll. Der Ausdruck selbst bezieht sich auf Pücklers wilde Jahre in Dresden, als er sich im Rock des sächsischen Gardeoffiziers einer Eliteeinheit durch mancherlei Eskapaden stadtbekannt machte.

Der Band legt köstliche Textproben aus der Feder eines hellwachen, in Stellung und Geist eigenmächtigen Adligen des 19. Jahrhunderts vor, eines Schriftstellers, von dem eine Gesamtausgabe seiner Werke 130 Jahre nach seinem Tode noch immer auf sich warten lässt. Das Buch zeigt den Schriftsteller in vielerlei Nuancen und Talenten: mit seinen Kose- und Spottnamen, als Gruftbesucher und Schauspieler, als waghalsigen Luftschiffs- und neugierigen Taucherglockenpassagier, als Duellanten und Liebesbriefschreiber, als meisterhaften Geschichten- und Anekdotenerzähler, Satiriker und Philosophen, als Tierliebhaber und Bürokratenhasser, als originellen Bildbeschreiber und Landschaftsschilderer, als vorurteilsfreien Menschenkenner - und schließlich als Futurologen, als Gesell- schaftspropheten, der seine Visionen offenbart.

Der unbeirrt von öffentlicher Meinung urteilende und publizierende Pückler hat viele Widersacher und Spötter auf den Plan gerufen, von denen einige wenige mit Text- und Bildproben in den Band aufgenommen worden sind.

Hans-Hermann Krönert

Literarische Werke

Briefe eines Verstorbenen 1830/31
Andeutungen über Landschaftsgärtnerei 1834
Tutti Frutti 1834
Jugendwanderungen 1835
Semilasso in Afrika 1836
Der Vorläufer 1838
Südöstlicher Bildersaal 1840
Aus Mehemed Ali's Reich 1844
Die Rückkehr 1846-1848

Das Leben
Kleine Biographie

- Hermann Ludwig Heinrich von Pückler-Muskau, am 30. Oktober 1785 auf Schloß Muskau im Kurfürstentum Sachsen geboren
- Schulbildung bei den Herrnhutern in Uhyst, in pädagogischen Anstalten in Halle und Dessau 1794 - 1800
- Jurastudium (nicht abgeschlossen) in Leipzig 1801
- Eintritt ins sächsische Regiment Garde du Corps 1802
- Wanderungen und Fahrten durch Mittel- und Süddeutschland, die Schweiz, Italien und Frankreich 1806 - 10 ; Besuch bei Goethe in Weimar 1810 und 1812
- Nach dem Tode des Vaters Erdmann von Pückler Übernahme der Standesherrschaft Muskau 1811
- Beginn der Arbeiten am Muskauer Park 1811
- Generaladjutant beim Herzog von Sachsen-Weimar in den Befreiungs-kriegen gegen Napoleon 1813
- Englandreise 1814/15
- Eheschließung mit Lucie Reichsgräfin von Pappenheim, geb. Hardenberg 1817
- Verleihung des Fürstentitels 1822
- Pro-forma-Scheidung von Lucie; vergebliche Suche nach einer reichen Ersatzfrau auf einer England-Irland-Reise 1826 - 1829
- Sechs Jahre während Reise durch Frankreich, Algerien, Tunesien, Malta, Griechenland, Kreta, Ägypten, Syrien, Türkei, Österreich 1834 - 1840
- Verkauf der Herrschaft Muskau 1845, Übersiedlung nach Branitz bei Cottbus
- Tod der Mutter Clementine 1850
- Besuch bei Heinrich Heine in Paris; Tod von Lucie von Pückler-Muskau 1854
- Reisen nach Kurorten und Städten in Deutschland, der Schweiz, Italien und Österreich, Arbeiten am Park Branitz 1846 - 1870
- Tod am 4. Februar 1871 auf Schloß Branitz

Branitz, der Tumulus. Stahlstich von Poppel und Kurz nach einer Zeichnung von Gottheil, 1857

Landschaftsparke
Entworfen und Mitgestaltet

Muskau 1815 - 1845, Babelsberg 1842 - 1857, Branitz 1846 - 1870;
Belvedere, Tiefurt und Ettersburg bei Weimar, Wilhelmsthal, Altenstein/bei Bad Liebenstein 1846, Glienicke bei Potsdam, Pülswerda bei Torgau, Neuhardenberg bei Seelow, Bois de Boulogne in Paris 1854 und andere.

Foto: Erich Schutt

GRÄFLICHES PÜCKLER-WAPPEN
IN DER SCHLOSSBIBLIOTHEK BRANITZ
FOTO: ERICH SCHUTT

Anstelle von bisher drei Helmen zeichnet Pückler vor Verleihung (und Kauf) des Fürstentitels 1822 **fünf Helme** ins Wappen. Auf einem der Helme einen gotischen Turm, Symbol seiner **Baupassion**, auf den anderen für seine **Liebespassion** einen Wolf, französisch loup, gesprochen Lou, der Lucie (in freundlich-frechen Ableitungen Luzige - Ziege - Schnucke) frisst. In späteren Wappendarstellungen ist der Wolf durch ein Pferd ersetzt worden - die einzige Passion, die er nicht mit Lucie teilte.

„Ich mußte auf Papas Verlangen zur Ausfertigung des Fürstendiploms angeben, welche Veränderung ich in meinem Wappen haben wolle... Zu meinem alten Wappen also füge ich **vier** neue Schilder hinzu. Im oberen neuen, **himmelblauen** Felde eine Eiche als Sinnbild deutschen Ursprungs, und der schönen Natur, für die ich lebe. Im **grünen** Felde (der Farbe der Hoffnung) ein silbern Pferd als Bild der Schnelligkeit und Stärke. Im **purpurfarbenen** (der Farbe des Glanzes, der Pracht und des Geheimnisses, wie Goethe sagt) ein goldenes Einhorn als Sinnbild der Schönheit und rätselhafter Phantasie, dem Reiche des Romantischen! Im **weißen** Felde das Schwert, Sinnbild der Tapferkeit mit reinem Zwecke und unschuldigem Herzen. Die übrigen vier Felder sind das alte Wappen mit der alten Devise: Amor et virtus, welches die **alten** Fürsten von Muskau:

DAS GROSSE PÜCKLERSCHE WAPPEN ZEIGT HERMELINMANTEL UND FÜRSTENHUT, GREIFEN ALS SCHILDHALTER UND TEILE DES ADLERS VOM ALTEN GRÄFLICH-PÜCKLERSCHEN WAPPEN. DIESEN FÜR DIE HERRSCHAFTEN BZW. GÜTER BRANITZ, MUSKAU UND JÄMLITZ SOWIE DAS (NEUE) HERMANSBAD STEHENDEN SYMBOLEN FÜGT PÜCKLER 1822, ALS „NEUGEBACKENER FÜRST", WEITERE HINZU.
(DECKFARBENBILD UM 1827)

Menschenliebe und Tugend, die **jungen** und hübschen: Weiberliebe und Tapferkeit (amour et valeur) übersetzen mögen. Ich stehe zwischen beiden Auslegungen in der Mitte als
Dein Lou"
(An Lucie, 9. Juni 1822)

BT 5/333

1 Biographische Betrachtungen

Auf Bitten von Varnhagen von Ense sandte Pückler am 18. Dezember 1832 eine kleine **Autobiographie** nach Berlin. Unverkennbar ist hier die Betonung der militärischen Linie des Lebenslaufs. In der von Ludmilla Assing besorgten Ausgabe der Briefe des Fürsten merkt sie an, „daß die von Pückler angegebenen **Jahreszahlen vielfach ungenau** sind".

Das ist der ganze magere Stoff!

Geboren 1785, 30. Oktober als Sonntagskind um Mitternacht. Abstammend von einer uralten Familie, die sich von Rüdiger von Pechelaren, dem Nibelungenhelden herschreibt (S. Almanach de Gotha, 1826). Eine Linie derselben war reichsunmittelbar, die andere seit 1655 reichsfreiherrlich, seit 1690 in dem Reichsgrafenstand. 1802 in Leipzig studiert, dann bei der sächsischen Garde du Corps gedient. 1804 als Rittmeister quittiert, und vier Jahre in Europa umhergereist. 1812 Besitzer der Standesherrschaft Muskau geworden. 1813 und 14 den Krieg als Volontair und Adjudant des Herzogs von Weimar mitgemacht. Gefechten in Holland beigewohnt, einen Partisanenzug mit Oberst Geismar gemacht, wo ich einige Kanonen erbeutete, und unter der Rubrik „für persönliche Tapferkeit" zum Oberst=Lieutenant avanciert wurde, später für einzelne Affären Wladimir und St. Louis erhielt. Von Geismar durch den Herzog abberufen, einige Monate als provisorischer Zivil- und Militairgouverneur in Bruges fungiert. Die Stadt machte mir ein Geschenk von 1000 Napoleond´or, die ich dem General von Borstel mit 1000 Austern überschickte. Nach dem Frieden langer Aufenthalt in England. Von da auf meine Güter gegangen, und eine Reihe Jahre ihrer Verschönerung gewidmet. Park in Muskau. Aufenthalt in Berlin. Des Staatskanzlers Tochter geheiratet, und bis an seinen Tod eine Art Günstling von ihm gewesen, ohne jedoch irgend eine, mir oft von ihm dringend angebotene, fixierte Dienstanstellung annehmen zu wollen. Als **Entschädigung für verlorene Ehrenrechte** in den Fürstenstand erhoben, keinesweges aus Gunst. Später aus Familienursachen, aber im besten Vernehmen und Einverständnis mit meiner Frau, von dieser geschieden. Wo möglich ein paar vorteilhafte Worte über sie anzubringen. Abermalige Reise nach England. Präsumtiver *(mutmaßlicher)* Verfasser der „Briefe eines Verstorbenen".
Dies ist der ganze magere Stoff! Sehen Sie, verehrter Freund, wie Ihre geschickte und wohlwollende Feder in der Kürze ihn ein wenig ausputzen kann.

BT 3/130

LITHOGRAPHIE VON CÄCILIE BRANDT, STEINDRUCK VON A. KNEISEL, LEIPZIG UM 1823

OFFIZIER VOM REGIMENT GARDE DU CORPS IN EXERZIERUNIFORM. KUPFERSTICH VON CHRISTIAN REINHOLD, UM 1800

Die Beinamen verraten sein Wesen

Pückler trug viele Kose- und Spottnamen, manchen Beinamen; einige davon gab er sich selber.
Pfuscher in allen Dingen nennt ihn seine Mutter Clementine.
Als **Kandidat Hermann, Sekretär oder Student Hermann** unternimmt er seine Jugendwanderungen.
Im Befreiungskrieg gegen die Napoleonische Fremdherrschaft, als er zum Gouverneur von Brügge ernannt wird, trägt er den von den Franzosen verliehenen Beinamen **Tyran de Bruges (Tyrann von Brügge)**.
In seinen englisch-irischen Reisebriefen nennt er sich **der Verstorbene**, weil er seinen adligen Namen nicht preisgeben und in Verruf bringen will, weil er für einige preußische Würdenträger schon gestorben ist, weil es in der Biedermeierzeit Mode ist, sich mit Geheimnissen zu umgeben, der Öffentlichkeit kleine Schauder einzuflößen.
Für spätere Reisebücher wählt er das Pseudonym **Semilasso**, was soviel wie der Halbmüde, auch der Halbweise bedeutet, Pückler aber auch das Lasso meint, mit dem man Pferde, wilde Tiere - und Menschen einfangen kann.
Liebenswürdiger Schelmenfürst schmeichelt Bettina von Arnim, und sie nennt ihn auch **Beschwörerauge**.
Ada von Treskow schreibt an ihren **Pascha** und heißt ihn **Anakreon der Lausitz**.
Ein sehr artiger Komödiant urteilt Ida Gräfin Hahn-Hahn in ihrem Tagebuch.
Prince Prettyman (Prinz Schönling) ist er für seine englische Freundin und Übersetzerin Sarah Austin;
dagegen spottet die feine englische Gesellschaft über **Prince Pickle**, was soviel wie Pökel, aber auch Essigsauce oder saure Gurke heißen kann.
Lou, die Lautform des französischen loup, der Wolf, zugleich eine Ableitung von filou (Schelm, durchtriebener Bursche), auch Kosename von Ludwig, ein weiterer Vorname Pücklers, so nennt ihn Lucie, genannt Schnucke, seine geschiedene, doch immer treue Partnerin. Meist unterschreibt er seine Briefe an Lucie mit Lou, seltener mit **Lupus** (lat.: Wolf) oder **Lind** (Der Biegsame, Milde).
Als **Count Smorltork** (phonetisch für

PÜCKLER ALS BERLINER DANDY MIT ZYLINDER. KOHLEZEICHNUNG VON FRANZ KRÜGER, UM 1825

small Talk = Plauderei, Geschwätz) lässt ihn der Dichter Charles Dickens in seinem Roman „Die Pickwickier" agieren.
Als **Fortune hunter** (Glücksjäger, Glücksritter, auch Mitgiftjäger) bezeichnet ihn der in London residierende Herzog von Cumberland, späterer König von Hannover.
Die Matrosen seiner Nilbarke nennen ihn **Sultan Kaffir** (Sultan der Ungläubigen).
Ein edler Scheintoter bleibt er für Johann Wolfgang von Goethe. Für Georg Herwegh, den Vormärzdichter, ist er ein **toter Ritter**. Heinrich Heine hält ihn für den **elegantesten aller Sonderlinge**, einen **wandersüchtigen Überall und Nirgends**, einen **Diogenes zu Pferde**.
Für den Schriftsteller Karl Immermann hat er sich in einen **Münchhausen** verwandelt.
Für ein **winziges Ameisenpoetlein** hält sich Pückler, stark untertreibend, und damit hervorhebend, selbst.
Zum königlich-preußischen Generalmajor und später, 1863, zum Generalleutnant ehrenhalber befördert, sucht man vergebens nach der Benennung **General Pückler** - er bleibt Befehlshaber nur in der eigenen Herrschaft.
Dafür betrachtet sich der gebürtige Sachse in einem seiner Semilasso-Bände als **fanatischer Preuße**.
Den wohl treffendsten Namen für den mehrfachen Parkschöpfer findet Rahel Varnhagen: **Erdbändiger**.
Für den Gartendirektor Eduard Petzold steigt der Fürst gar zum **Goethe der Landschaftsgärtnerei** auf.
Pücklers Cottbuser Hausarzt Dr. Ludwig Wilhelm Liersch nennt ihn den **Schöpfer der freundlichsten Oase der einförmigen Mark**.

Als **Parkomane** betrachtet sich Pückler schon lange.
Geht's ihm schlecht - z.B. wegen drückender Schuldenlasten - unterschreibt er gelegentlich mit **Pückler-Murrkau**. Da Herr Duden die Schreibweise noch nicht regierte, nahm Pückler die Buchstabenfolge seines Vornamens nicht gar so ernst und unterzeichnete hin und wieder mit dem doppelten r: **Herrmann**.
Gegenüber Ludmilla Assing, der Betreuerin seines schriftlichen Nachlasses, bezeichnet er sich als **Lausitzer melancholischer Landjunker**.

PÜCKLER MIT FRANZÖSISCHEN OFFIZIEREN IN ALGERIEN.
NACH EINER LITHOGRAPIE VON OBACH AUS „SEMILASSO IN AFRIKA"

Als **leidenschaftlicher Liebhaber von einem kleinen Weiberfuße** bekennt sich der 42jährige, als **Utopist in eroticis**, als erotischer Wunschträumer, betrachtet sich der alternde Fürst.
Vorbei die Zeiten, als ihn die von Pückler freigekaufte Sklavin Machbuba ehrerbietig **Sidi**: (Herr) und liebevoll **Abu** (arabisch: Vater) nannte.
Vorbei die Zeiten, als ihn Berliner Gassenjungen und Zeitungen **Graf Hirsch** nannten, wenn er mit hirschbespannter Kutsche vorm Café Kranzler an der Ecke Friedrichstraße/Unter den Linden in Berlin auftauchte.
Nun zeichnet der alternde Fürst seine Briefe an Vertraute wie Ludmilla Assing mit **Senex** (der Greis).

Auch weiblich und eitel; dennoch grosser Selbstüberwindung fähig...

Semilassos Selbstbeschreibung

PÜCKLER ALS AFRIKA-REISENDER
LITHOGRAPIE UM 1840

In seinem Buch „Vorletzter Weltgang von Semilasso", das 1835 seine Leser erreichte, versuchte Pückler eine **Selbstbeschreibung** mit der Erklärung, „daß wir mit diesem Manne durch mehrere Bände hindurch zu tun bekämen".

PÜCKLERS VON 4 HIRSCHEN GEZOGENE KUTSCHE VORM CAFÉ KRANZLER IN BERLIN, ANONYME ZEICHNUNG UM 1820

PÜCKLER MIT FEZ IN TÜRKISCHER TRACHT. ZEICHNUNG VON F. ELIAS NACH EINEM BILDNIS VON H. GUGLER, UM 1840.

Es war ein Mann von hoher Statur, dem Anscheine nach bei der Hälfte seines Lebens angelangt, eine schlanke, wohlgeformte Gestalt, die jedoch physisch mehr Zartheit als Stärke, mehr Lebhaftigkeit und Gewandheit als Festigkeit verriet. Eine nähere Betrachtung zeigte dabei auf den ersten Blick, daß bei dem vorliegenden Individuum das Zerebralsystem besser als das Gangliensystem ausgebildet sei, und die intellektuellen Eigenschaften die sogenannten tierischen überwogen. Ein Phrenolog würde sogar bald daraus geschlossen haben, daß diesem Sterblichen vom Schöpfer etwas mehr Kopf als Herz, mehr Imagination als Gefühl, mehr Rationalismus als Schwärmerei zugeteilt, und er folglich nicht zum Glück bestimmt worden sei.

Jeder aber, dem einige Weltkenntnis eigen, mußte erkennen, daß der Fremde in demjenigen Stande geboren und erzogen sei, den man übereingekommen ist, den vornehmen zu nennen.

Seine Züge, ohne schön und noch weniger regelmäßig zu sein, waren dennoch fein, geistreich und auffallend, so daß man sie, einmal gesehen, nicht leicht wieder vergaß. Wenn sie einen Reiz ausübten, so lag dieser besonders in ihrer außerordentlichen Beweglichkeit. Bei wenigen Menschen waren die Augen ein treuer Spiegel der jedesmaligen Seelenstimmung, und man konnte sie in Zeit weniger Sekunden matt, abgestorben, farblos werden, und dann plötzlich wieder mit dem Glanz der Sterne funkeln sehen. Der permanenteste Ausdruck dieser Züge war jedoch eher leidend zu nennen, ein sonderbares Mittelding zwischen schwermütigem Nachdenken und sarkastischer Bitterkeit, das selbst dem Doktor Faust nicht übel angestanden haben würde. Doch glauben wir, daß unser Freund mit diesem nicht allzuviel Ähnlichkeit hatte, vielmehr ein großer Teil weiblichen Elements in ihm vorherrschte, daher er auch weiblich und eitel, und dennoch großer Selbstüberwindung und Ausdauer fähig war. Sein größtes Glück lag in den Freuden der Einbildungskraft, in den Kleinigkeiten des Lebens. Der Weg, nicht das Ziel, war sein Genuß, und wenn er kindlich Bilder zusammensetzte und mit bunten Seifenblasen spielte, war er am liebenswürdigsten für Andere und am genußreichsten für sich selbst.

Während wir den Gegenstand unserer Aufmerksamkeit, ohne daß er es ahnet, so scharf analysieren, hat er sich eben graziös zurückgelegt, und schaut mit seiner Lorgnette in den Wald, als wenn er uns dort entdecken wollte. Sein nicht mehr allzuvolles schwarzes Haar (böse Zungen behaupten, es sei gefärbt) dringt unter einem roten Tunesischen Fez hervor, dessen lange blaue Quaste lustig im Winde flattert. Um den Hals ist nachlässig ein bunter Kaschmirschal geschlungen, und die hohe weiße Stirn, das blasse Gesicht, passen gut zu dieser halbtürkischen Kleidung. Ein schwarzer military frockcoat *(Gehrock)* mit reicher Stickerei von gleicher Farbe besetzt. Pantalons von Nanking, und leichte Stiefel, deren Lack wie polierter Marmor glänzt, vollenden die etwas prätentiöse Toilette - und nun ist es wenigstens unsere Schuld nicht, wenn unsere reizenden Leserinnen sich nicht die deutlichste Vorstellung von dem Weltgänger machen können, der auf ihre Begleitung hofft!

WS 1/13

PÜCKLER ALS LIEBESBRIEFSCHREIBER

Liebesbrief an Vincenza

Oh Götter! Wie sehr brennen Deine Küsse!

Oh Vincenza, himmlischer Engel, Seele meines Lebens! Was hast Du aus mir gemacht? Wo fände ich die Ausdrücke, um Dir den Zustand meiner Seele auszumalen? Nein, noch nie, niemals hat eine solche Liebe mein Herz verzehrt! Seitdem alle Höllenfeuer sich in meiner Brust vereinigt haben, hat sich ein Rausch meiner Sinne bemächtigt: kaum weiß ich noch, wo ich bin. Um mich ist es Nacht, und nur Dich allein gewahre ich überall - ich sehe Deine schönen Augen auf mir ruhen, ich sehe diesen so ergreifenden Blick, der mein ganzes Wesen zerstreut und der mich in Tränen zerfließen lässt. Meine Arme möchte ich ausbreiten, um Dich an meine Brust zu drücken, und es ist doch nur Dein Schatten, den ich umfange.
Oh Götter! Wie sehr brennen Deine Küsse noch auf meinen Lippen. Nein, nicht umsonst will ich einen Augenblick des Glücks gekostet haben, die Wonnen des Himmels, nicht umsonst will ich Dein Herz an meinem schlagen gefühlt haben. Du musst mich lieben, oder die Erde soll mich verschlingen.
Ach Du! Für Dich sind sämtliche Ausdrücke unzulänglich. Du, die ich mehr anbete als meinen Gott, könntest Du so grausam sein und Dich meiner Liebe versagen? Der Gedanke, dass ein anderer Dich besäße, erfüllt mich mit Schrecken, und ich könnte darüber den Verstand verlieren. Oh Himmel! Erbarmen, Vincenza! Im Namen all dessen, was Dir in der Natur heilig ist, beschwöre ich Dich, sprich nicht das Todesurteil über mich, gewähre mir Deine Liebe, oder stoß mir einen Dolch in die Brust…
… Du aber, meine Vincenza, bist gut und mitfühlend. Wenn Du nur etwas mit mir fühlst, dann duze mich in Deiner Antwort, und verzeih mir, wenn ich es getan habe. Es war mir nicht möglich, Dich Sie zu nennen, Dich, die ich hundertmal mehr schätze als das Leben und die ich mehr liebe, als man es auszudrücken vermag.
Luigi

Aus dem Französischen von Falk Weber
BT 1/426

DER SCHÄFER WAR EIN DOKTOR / KEINE SORGE UM DEN JUNGEN PÜCKLER: „ICH HÄTTE NUR EINS ZU FÜRCHTEN, DIES SEI DAS WASSER"

Geheimnisvoll zubereitete Tränke

Im Dezember 1835 schifft sich Pückler mit dem Dampfboot „L'Africain" von Malta aus nach Griechenland ein. Bei schwerer See im Mittelmeer **wird die Reise zur Tortur**, die er ausführlich in seinem Reisebuch „Südöstlicher Bildersaal" schildert und dabei auf **Kindheitserinnerungen** zurückgreift.

„DER STURM", ILLUSTRATION ZU PÜCKLERS „SÜDÖSTLICHER BILDERSAAL", 1840

Als ich einst, noch in zartem Alter, mit meinem Bruder an schwerer Krankheit darniederlag, und der Arzt, nachdem er den Letzteren für gerettet erklärt, uns verließ, weil mir, wie er hinzusetzte, niemand mehr helfen könne - holte man einen im Ruf dunkler Kenntnisse stehenden Schäfer, der durch geheimnisvoll zubereitete Tränke mich wieder herstellte, während mein geretteter Bruder in der selben Nacht noch starb.

DER KRANKE SCHÜLER.
AUS „DER HÖFLICHE SCHÜLER"
VON JOHANN VELTEN, CARLSRUHE 1835

Der Schäfer, wie ich dem Publikum ehrlich gestehen will, damit diese wahrhafte Historie nicht in Verdacht gelegentlicher Fiktionen gerate - war eigentlich ein wohlbestellter Lizentiat *(ein Akademiker mit Doktorwürde)* im Städtchen M….. *(Pückler setzt fünf Punkte, doch der Leser errät den Ort: Muskau)*, meines Freundes Leopold Schefers Vater, dessen höheren Kenntnissen ich auf diese Weise mein Leben verdanke.
Und es war allerdings ein sonderbarer Mann, dieser alte Äskulap! Den ganzen Tag in seinem Laboratorium verschlossen, stand er im Rufe, den Stein der Weisen zu suchen. Seinem Sohne hinterließ er wenigstens den Karfunkel *(ein Schmuckstein)* der Poesie, und mir - versprach er eine ewige Jugend.
Am andern Morgen, als seine Mittel angeschlagen, sagte er zu meinen Eltern, sie sollten sich meinetwegen keine Sorgen machen, ich hätte nur eins zu fürchten, dies sei das Wasser - weshalb ich mich auch, beiläufig gesagt, seitdem weit mehr an den Wein gehalten habe. Später prophezeite mir die berüchtigte Lenormand, wie ich bereits bei einer anderen Gelegenheit erzählt, ebenfalls: daß ich in einem rings von Wasser umgebenen Orte (der folglich leicht ein Schiff sein könnte) mein Ende finden würde. In der Tat war mir bis jetzt das Meer immer auffallend ungünstig…

BEJAHRT STERBEN AN EINEM VON WASSER UMGEBENEN ORT

Die Weissagung der Lenormand

PÜCKLER TRAT EINE REISE IN DEN ORIENT AN, ER WURDE BERÜHMT, UND ER HALF OFFENSICHTLICH DER LETZTEN PROPHEZEIUNG ETWAS NACH (NACHDEM ER ALLE SCHIFFSREISEN DURCHS MITTELMEER UND AUF DEM NIL GLIMPFLICH ÜBERSTANDEN HATTE), INDEM ER SEINE EIGENE GRABSTÄTTE, DIE SEEPYRAMIDE VON BRANITZ, ALS EINEN RINGS VON WASSER UMGEBENEN ORT KONZIPIERTE.

DER ITALIENISCHE TASCHENSPIELER BARTOLOMEO BOSCO (1793 - 1863) WAR MIT SEINEN KARTENKUNSTSTÜCKCHEN, DIE AUCH MARIE LENORMANDS WAHRSAGEKUNST EINBEZOGEN, IN GANZ EUROPA BEKANNT.

TAROT-KARTEN NACH ART DER WAHRSAGERIN LENORMAND

Marie Anne Adelaide Lenormand (1772 - 1843), berühmteste **Kartenschlägerin** des 19. Jahrhunderts; prophezeite Aufstieg und Sturz Napoleons, aus Frankreich ausgewiesen. Legte während des Aachener Kongresses 1818 Zar Alexander I. und anderen Persönlichkeiten die Karten. Unter ihren Besuchern war auch Graf Pückler, der, hoffend auf eine diplomatische Karriere, ebenfalls an diesem Kongress teilnahm. Nach seiner Darstellung hat ihm die „Pythia von Aachen" das folgende geweissagt:

„Niemand ist lebhafter als Sie, indessen können Sie sehr wohl ruhig, besonnen sein und scheinen sehr weich, wenn Sie wollen. Sie sind nicht frei von Ehrgeiz, doch Sie meiden jegliche Situation, die Sie zu irgend etwas zwingt.
Man glaubt im allgemeinen, daß Sie sehr erfolgreich und sehr entschlossen sind. Möglicherweise sind Sie das nicht so sehr in Asien - behalten Sie das sehr gut in Erinnerung! -; Sie werden dort etwas finden, das von aller Welt bewundert wird.
Ihr Schicksal wird sich günstiger gestalten, ohne außerordentlich zu werden.
Sie werden bejahrt sterben an einem rings von Wasser umgebenen Ort.
Sie sind ein guter Beobachter, verlassen Sie sich stets auf den ersten Eindruck, den jemand auf Sie macht. Ich empfehle Ihnen zwei Dinge, derer Sie bedürfen: Vorsicht und Diskretion. Spielen Sie nicht mit dem Schicksal, wenn Ihnen die Sterne nicht günstig sind."
BT 5/160
Aus dem Französischem von Barbara Saße

DIE WAHRSAGERIN. ZEICHNUNG VON J. E. SCHENAU, RADIERUNG VON C. M. HALBOÚ

SCHÖNE AUSSICHTEN
IN DER SCHÖNEN SCHWEIZ

2 Lust und Frust des Reisens

Glimpfliche Stürze

■

Bern, den 19. Juli 1808
„...Das Wetter war so außerordentlich klar, daß ich beschloß, noch heute meinen Weg nach Grindelwald anzutreten und es bei meiner Zurückkunft dem Zufalle und meinem Befinden zu überlassen, ob meine Börse oder meine Gesundheit einen längeren Séjour *(Aufenthalt)* in Unterseen erheische oder nicht. Leider war es unmöglich, bei der Schwäche meiner Brust den Weg zu Fuß zu machen; ich mietete also einen bedächtigen Karrengaul und ritt nach Berichtigung meiner Zeche um 5 Uhr abends auf meiner Rosinante davon. Der erste merkwürdige Gegenstand, der mir aufstieß, waren die malerischen Ruinen des Schlosses Unspunnen; mein Pferd benutzte auch sogleich die Aufmerksamkeit, die ich darauf verwandte, um sich in ein Loch fallen zu lassen, aus dem der herbeispringende Führer ihm nur mit Mühe, ehe ein gänzlicher Umsturz erfolgte, heraushalf. In einer Stunde erreichte ich die Lütschinen, ein reißendes Bergwasser, das durch die außerordentliche Schnelligkeit seines Stromes einen heftigen Luftzug erregt, den man schon, noch weit vom Ufer entfernt, empfindlich zu fühlen anfängt. An dem Orte, wo beide Lütschinen, die Schwarze und die Weiße, zusammenfließen, und die eine ihr wie Tinte schwarzes Wasser mit dem milchfarbenen der anderen vermischt, hat man eine schöne Aussicht auf die nahe umherstehenden Berge und das Wetterhorn im Hintergrunde. Bald nachher wird das Tal so eng, daß kaum neben dem hindurchrauschenden Bergstrome ein schmaler Platz für den Weg übrig bleibt; romantisch gestaltete Felsen erheben sich auf beiden Seiten, die Jungfrau tritt immer näher und scheint wie der Riese im Märchen bei jedem Schritte zu wachsen; weiße Blasen werfend, schäumt der Sausbach von oben herab über den Weg, die ersten Häuser von Lauterbrunnen erscheinen an seinem jenseitigen Ufer, und in der Ferne erblickt man den Staubbach wie ein silbern im Winde flatterndes Band.

Sobald am Morgen die Sonne diesen berühmten Bach beleuchtete, war ich da, um ihn in seiner höchsten Pracht zu betrachten. In der Tat übertraf der Regenbogen, der sich weit über dem Wasserfalle an den Felsen hinwölbte, alle meine Erwartung; stundenlang hätte ich das wunderbare Schauspiel mit gleichem Vergnügen ansehen können, wenn der durchdringende Regen, den das Wasser

während eines beinahe tausend Fuß hohen Sturzes von sich spritzt, mich nicht mit Gewalt vertrieben hätte. Lange ging ich noch, mich in der Entfernung an seinem Anblicke weidend, im Tale auf und ab, das unstreitig unter die schönsten in der Schweiz gehört, weil es den Vorteil hat, alle seine mannigfaltigen Schönheiten in einem so gedrängtem Raume zusammen zu verbinden.

Da sich ein Pferd zu meiner Disposition befand und ich also eine fatigante *(anstrengende)* Tour, wenn sie nur belohnend war, nicht zu scheuen hatte, wählte ich

DAS „DON-QUIXOTE-FUHRWERK",
ILLUSTRATION ZU „SÜDÖSTLICHER
BILDERSAAL", 1840

An einen Freund namens S., sehr wahrscheinlich an **Leopold Schefer** in Muskau, sind Pücklers fiktive Briefe aus der Schweiz gerichtet, die er in Marseille zu Papier brachte - und die trotz seines Wunsches nie zu seinen Lebzeiten veröffentlicht wurden. Erst die späteren Briefe aus Lyon, Marseille und Rom erschienen 1835 unter dem Titel „**Jugend-Wanderungen**". Pückler wanderte und fuhr, mit geringen Geldmitteln seines Vaters ausgestattet, im Jahre 1808 durch das Alpenland und entdeckte dabei seine später immer stärker ausgebildete Leidenschaft und Fähigkeit, **seine Erlebnisse niederzuschreiben.**

den Weg über die Wengeralp und Kleine Scheidegg nach Grindelwald, der sehr beschwerlich ist, aber eine Menge interessante Gegenstände darbietet. Er führte uns unter Platanen von ungewöhnlicher Größe und Stärke lange äußerst steil den Berg hinan, und schon wollte ich meinem Pferde im Geiste die verdienten Lobeserhebungen wegen seiner Sicherheit zollen, als es (zum ersten Male mit einer schnellen Bewegung) so gewaltig hinstürzte, daß ich über das hinter mir aufgepackte Reisegepäck hinweggeschleudert wurde und glücklicherweise an der Berglehne sanft auf weichem Rasen niederfiel. Wäre ich unter dem kolossalen Fuhrmannspferde auf die spitzen Steinen eingequetscht worden, so hätte ich wahrscheinlich nie die Aussichten gesehen, um derentwillen ich den gefährlichen Weg betreten hatte..." BT 2/236

PÜCKLER FÄLLT, VON BRIGANTEN VERFOLGT, VOM ESEL.
STICH VON C. GÚERIN AUS DEN 1835 ERSCHIENENEN „JUGENDWANDERUNGEN"

ZEICHNUNG VON ALEXANDER VON STERNBERG AUS DESSEN EPISODEN-BUCH „TUTU", 1846 ERSCHIENEN

DER RHEINFALL BEI SCHAFFHAUSEN

Wer je ein hohes Wehr gesehen ...

Zürich, den 28. Mai 1808

„...Also Du weißt, lieber Freund, wie sehr ich genötigt bin, eine weise Ökonomie bei meinen Expeditionen zu beobachten, und kannst Dir daher vorstellen, daß ich die wohlfeilste Gelegenheit aussuchte, meine Person bis nach Schaffhausen zu bringen. Zum Glück ging eben das Marktschiff dahin ab, auf dem ein Platz nicht mehr als 12 Kreuzer kostet und man überdem wegen des schnellen Laufes des Rheines den vier Stunden langen Weg in zwei zurücklegt. Die Gesellschaft im Schiff bestand aus mehreren Landleuten beiderlei Geschlechts, einem Pfarrer, der im eifrigen politischen Gespräch mit seinem Nachbar, einem Schneider aus Stein, mehr als einmal bald die russische, bald die französische Monarchie über den Haufen stieß und sich am Ende immer zur Freiheit seines eigenen Vaterlandes Glück wünschte; endlich noch ein junges Frauenzimmer, das sehr furchtsam und schüchtern tat, obgleich es wenig Ursache dazu zu haben schien, denn ich glaube, dass es mehr Versuchung fühlte als einflößte. Doch darüber läßt sich eigentlich nichts sagen, der Geschmack ist zu verschieden; ich erinnere mich, in Wien eine Person gesehen zu haben, die das non plus ultra der scheußlichsten Häßlichkeit erreichte, fast Stollbergs Ideale gleich - cretine und stumm dazu, voll Ungeziefer und Schmutz - und dennoch, als ich sie sah, war sie schwanger.

Ich nahm mir kaum Zeit, in Schaffhausen mein Paket im Gasthofe abzugeben, und eilte sogleich nach dem Munnath, einer großen, teils noch wohlerhaltenen und im sechzehnten Jahrhundert mit einem runden Turme versehenen Festung der Römer. Sie liegt auf einer Anhöhe an der Stadt, und man hat von hier aus die vorteilhafteste Aussicht auf die umliegende Gegend. Von heiligen Schauern der Vergangenheit ergriffen, durchirrte ich das alte Gebäude, zu dem vielleicht Cäsar selbst den ersten Grundstein legen ließ. In der hohen und weiten Halle unter der Erde, die aus mehreren Öffnungen von oben erleuchtet wird und bequem einige tausend Menschen fassen mag, setzte ich mich auf einen Stein nieder und bewunderte, still in mich gekehrt, den Geist der hohen Vorwelt, der hier so mächtig zu mir sprach. Die Alte, die mich herumführte, zeigte mir einen tiefen Brunnen, der noch ganz wohl erhalten war, nur die neueren Stricke und Eimer waren von Neufranken zerschlagen worden, die während des Revolutionskrieges eine kurze Zeit lang hier gelegen hatten. Noch einige Treppen tiefer unter der Erde geht ein gewölbter Gang um die ganze Festung herum; in bestimmten Distanzen sind eine Art Schießlöcher angebracht, die aber so wenig Licht hereinfallen lassen, daß wir einer Laterne bedurften, um uns darin fortzufinden.

Meine Ungeduld, den Rheinfall zu sehen, war zu groß, als daß ich bis nachmittags damit hätte warten können; halb laufend, halb gehend legte ich die Stunde bis zum Schloß Laufen zurück und folgte erwartungsvoll dem artigen Mädchen, die sich mir als Führerin anbot. Kaum trat ich in den kleinen Pavillon, der auf der Felsenspitze grade über dem Fall erbaut ist, als ich hastig ans Fenster sprang und wahrlich weit weniger sah, als ich erwartet hatte. Ist das der berühmte Rheinfall, sagte ich verdrießlich zu mir selbst, der unter die ersten Naturmerkwürdigkeiten Europas gezählt wird, auf dessen erhabenen Anblick so viele pomphafte Beschreibungen meine Erwartung so sehr gespannt haben, und der sie so wenig befriedigt?

Mein Gott, wer je ein hohes Wehr gesehen hat, über das sich ein wilder, angewachsener Strom herabstürzt, kann sich gewiß

mit einer geringen Einbildungskraft die Reise nach Schaffhausen ersparen. Es ist wahr, daß ich etwas vorteilhafter davon urteilen lernte, als man mich auf die Galerie herabführte, die so nahe an den Fall gebaut ist, dass man ihn beinahe mit Händen greifen kann. Die milchweiß schäumenden Fluten toben und wühlen

hier in sich mit so betäubendem Brausen, stürzen sich mit so wilder Gewalt die Felsen herab, daß man, mühsam ohne Schwindel ihnen mit den Augen folgend, sich eines Gefühles staunender Bewunderung nicht erwehren kann, aber dennoch bleibt das Ganze zu klein, der Sturz zu niedrig, um den imposanten Anblick, den erhabenen Eindruck zu gewähren, welchen übertriebene und zu dichterische Gemälde davon versprechen. Man gibt ihm gewöhnlich gegen 80 Schuh* Höhe, ich bezweifle aber, daß er über 60 hat; er scheint nicht einmal so hoch, da der Strom nicht perpendikulär, sondern in sehr schräger Richtung herabfällt. Ich ließ mich auf die andere Seite überfahren, von wo man aus einem hart am Ufer stehenden Hause die Ansicht des Rheinfalls in seiner ganzen Breite hat; mir scheint es, daß die Felsen, die ihn zweimal in der Mitte unterbrechen, den Totaleindruck schwächen; andere finden indes, daß gerade diese Unterbrechung ihm einen weit pittoreskeren Anblick gibt. Einer dieser Felsen ist von dem unaufhörlich anströmenden Wasser schon ganz ausgehöhlt und durchlöchert, daher viele vermuten, daß vor uralten Zeiten der Fall weit höher gewesen ist und sich wahrscheinlich von einer einzigen Felsenwand, deren rudera *(Überbleibsel)* noch die beiden einzeln stehenden Felsen sein mögen, herabgestürzt hat. So bemerkt man ähnliche Veränderungen am Niagarafall in Nordamerika; man sieht deutlich, nach dem Bericht neuerer Reisenden, wie er nach und nach mehrere tausend Schritte zurückgewichen ist und seine Form verändert hat.

Es ist sonderbar, daß die Römer nie des Rheinfalls erwähnen - man könnte daraus fast auf das Gegenteil der obigen Meinung schließen. In dem Zimmer, wo ich mich befand, war eine Camera obscura** angebracht, die aber nur ein sehr undeutliches Bild lieferte. Ein Edelmann, dessen Name mir entfallen ist, zeigt diese Dinge den Fremden, handelt nebenbei mit sehr schlechten Kupferstichen und erhält auf Befehl des Gouvernements für seine Mühe 36 Kreuzer.

Gemächlicher als ich gekommen war, ging ich auf der anderen Seite des Rheins nach der Stadt zurück und genoß, ehe ich ihn ganz aus den Augen verlor, noch mancher Ansichten des Falls, die mir alle weit vorteilhafter schienen, als die aus dem Pavillon bei Laufen, wohin die Fremden immer zuerst geführt werden, und die es am wenigsten verdient…"

BT 2/119

*Ein **rheinländischer oder preußischer Schuh** (oder Fuß) entspricht 0,3133 Metern, 80 Schuh wären also **25,068 Meter**. Nach heutigen Angaben ist dieser größte Wasserfall Mitteleuropas 175 Meter breit und zwischen 15 und fast 20 Meter hoch.

**Camera obscura : Dunkle Kammer, in der helle Objekte kopfstehend abgebildet werden.

„Der Rheinfall bei Schaffhausen" Artothek (ohne Autor, ohne Jg.)
Foto: Christoph Sandis

Der Schreckschuß durch die Türe

Von einer wilden, ungezähmten Lustigkeit, die nicht die wahre ist [res severa est verum gaudium *(wahre Freude ist eine ernste Angelegenheit)*, sagt Seneca], ließ ich mich in diesen Tagen zu Torheiten hinreißen, die ich jetzt bereue. Einmal erlaubte ich mir sogar den unbesonnenen Scherz, hinter dem Grafen H.., um ihn zu erschrecken, eine Pistole durch die Stubentüre abzuschießen. Als er abgereist war und der Wirt den Schuß in der Türe sah, war ich so schwach, aus Scheu vor Bezahlung, die mich bei meinen Umständen freilich sehr inkommodieren *(ungelegen kommen)* mußte, die Schuld auf den Entfernten zu schieben, der sich jetzt im wahrsten Sinne des Wortes weit vom Schuß befand. Einsames Nachdenken ließ mich indes bald bittere Betrachtungen über meinen Egoismus und diese Unredlichkeit anstellen - ich ließ den Wirt rufen, sagte ihm, daß ich an der Zerstörung seiner Türe schuld sei, und bezahlte die Rechnung dafür als gerechte Strafe meines Fehlers. Ach! wann werde ich endlich mit ergebener Sanftmut die Stufe edler Humanität betreten, wo Ruhe und Zufriedenheit mich in ihren stillen Tempel aufnehmen werden!

BT 2/255

STILLLEBEN MIT ORANGEN (AUSSCHNITT) VON PAUL CEZANNE

Ohne Orangen ins Bett !

■

Pückler an Lucie, 22. Dez. 1826

Ich: Berndt, ich bin sehr durstig. Sind Orangen im Hause?
Berndt: Nee.
Ich: Geh und hole welche im Club.
Berndt: Ach, dos ist jo viel zu spät. S ist jo schon 1 in der Nacht.
Ich: Tu was ich Dir sage.
(Berndt brummend ab, kommt in einer halben Minute wieder mit zwei Orangen)
Ich: Nun, wo sind denn die so schnell hergekommen?
Berndt: Sie sind vom Gärtner Rehder.
Ich: (nachdem ich sie gegessen und noch mehr wünschte): Hat Rehder noch mehr?
Berndt: Nee.
Ich: Ich fühle ein ordentliches Bedürfnis nach mehr.
Berndt: I Gott bewahre, an zween haben Sie genug. Wollen Sie wieder krank werden? Zwee sind genug.
(Verläßt das Zimmer)
Ich war so verdutzt, daß ich nicht wußte, ob ich lachen oder mich ärgern sollte. Schließlich entschied ich mich, die Sache zu verdrängen, um meine Ruhe zu haben - auch ohne Orangen.

BT 6/447

Der alte **Diener Berndt** begleitete Pückler auf seiner Englandreise; Pückler schrieb über ihn an Lucie im Dezember 1826: „Mit dem alten Berndt habe ich auch meine Not. Er ist zwar, wie ich nicht anders sagen kann, in seinem Dienst tätig und akkurat, dabei aber beständig mürrisch und von einer **inkorrigiblen Grobheit und Plumpheit** der Manieren und Ausdrücke, die einem so delikaten Lou wie dem Deinigen oft unerträglich sind."

IM BALLON ÜBER BERLIN UND POTSDAM: DIE NATUR IST HIER GANZ LAUTLOS

Die Luftfahrt

■

Pückler unternimmt am 10. Oktober 1816 - nach eigenen unstimmigen Angaben im September 1817 - vom Garten der Königlichen Tierarzneischule in Berlin aus eine **Ballonfahrt** mit Karl Gottfried Reichard (1786 - 1844). Der aus Braunschweig stammende Reichard, gelernter Setzer, studierte Chemie in Berlin und veranstaltete gemeinsam mit seiner Frau Wilhelmine - die als **erste deutsche Luftschifferin** gilt - zwischen 1810 und 1820 insgesamt 32 Luftreisen meist für zahlende Passagiere. Das eingenommene Geld verwendete der Aeronaut und Professor für den Aufbau einer chemischen Fabrik in Döhlen bei Leipzig, die vor allem Schwefelsäure produzierte.
Pückler nimmt die Beschreibung dieser für das Berliner Publikum sensationellen Reise in sein Buch „Tutti Frutti" auf - was ihm danach die nicht wahrgemachte Drohung des Luftschiffers, wegen Geschäftsschädigung gerichtlich vorzugehen, einbringt.
Pücklers Kommentar: „Die Gekniffenen schreien freilich".

noch einer grünen Furche, die Spree einem schwachen Faden glich, dagegen die Pappeln der Potsdamer Allee riesenmäßige, viele Meilen lange Schatten über die weite Fläche warfen.

So mochten wir mehrere tausend Fuß gestiegen und einige Stunden sanft fortgeweht worden sein, als sich ein neues, noch weit grandioseres Schauspiel vor uns entfaltete. Rundumher am Horizont stiegen nämlich drohende Wolken schnell nacheinander empor, und da man sie hier nicht wie auf der Erde bloß an ihrer untern Fläche, sondern im Profil in ihrer ganzen Höhe sah, so glichen sie weit weniger gewöhnlichen Wolken als ungeheuren, schneeweißen Bergketten von den phantastischsten Formen, die sich alle über uns hinwegstürzen zu wollen schienen.

So rückten sie, ein Koloß den anderen drängend, von allen Seiten uns umzingelnd, immer näher heran. Wir aber stiegen noch schneller und waren schon hoch über ihnen, als sie endlich in der Tiefe zusammenstießen und wie ein von Sturm bewegtes wogendes Meer sich über- und durcheinanderwälzten und die Erde bald gänzlich unserm Blick entzogen. Nur zuweilen zeigte sich hie und da ein unergründlicher Schacht, vom Sonnenlichte grell erhellt wie der Krater eines feuerspeienden Berges, und schloß sich dann wieder durch neue Massen, die in ewigem Gären bald blendend weiß, bald dunkel schwarz, fort und fort hier sich hoch übereinandertürmten, dort bodenlose Spalten und Abgründe bildeten.

Ich war kaum von einer schweren Krankheit halb genesen, als Herr Reichard nach Berlin kam und auch mir seinen Besuch machte, um sich Empfehlungen zu verschaffen.

Herr Reichard ist ein gebildeter Mann, und seine Erzählungen erweckten eine große Lust in mir, auch einmal im Reiche der Adler mich umzusehen. Wir wurden bald einig, er gab seinen Ballon her und ich trug die Kosten, beiläufig gesagt, eine nicht ganz unbedeutende Ausgabe, denn sie kam mich auf 600 Reichstaler zu stehen. Das mir bevorstehende Vergnügen war aber wahrlich nicht zu teuer dadurch bezahlt. Der Tag, den wir wählten, war einer der schönsten, kaum ein Wölkchen am Himmel zu erblicken. Halb Berlin hatte sich auf Plätzen und Straßen versammelt, und mitten aus der bunten Menge erhoben wir uns, sobald ich die Gondel bestiegen, langsam gen Himmel. Diese Gondel war freilich nicht größer als eine Wiege, die Netze aber, die sie umgaben, verhinderten jeden Schwindel, wenigstens kann ich nicht sagen, daß mich, ungeachtet meiner Schwäche nach eben überstandener lebensgefährlicher Krankheit, auch nur das mindeste unangenehme Gefühl angewandelt hätte.

Wir stiegen so allmählich auf, daß ich noch vollkommen Zeit hatte, mehreren Damen und Herren meiner Bekanntschaft freundliche Winke und Grüße aus der Höhe zuzusenden. Nichts Schöneres kann man sich denken als den Anblick, wie nach und nach die Menschenmenge, die Straßen, die Häuser endlich die höchsten Türme immer kleiner und kleiner wurden, der frühere Lärm erst in ein leises Gemurmel, zuletzt in lautloses Schweigen überging und endlich das Ganze der verlaßnen Erde gleich einem Pyfferschen Relief *(Ludwig Pfyffer erfand um 1765 die Reliefkartografie)* sich unter uns ausbreitete, die prächtigen Linden nur

GAY LUSSACS BALLONAUFSTIEG 1804. ÄHNLICH KÖNNTE DER START VON GOTTFRIED REICHARDS LUFTGEFÄHRT MIT SEINEM PASSAGIER GRAF PÜCKLER AUSGESEHEN HABEN.

BALLONFAHRT GOTTFRIED REICHARDS AM 7.9.1834 IN DRESDEN, VON DER FRAUENKIRCHE AUS GESEHEN

Nie habe ich auf Bergen etwas Ähnliches erlebt. Denn auf solchen Standpunkten wird man durch das große Volumen des Berges selbst zu sehr gehindert und kann daher irgend Vergleichbares nur in der Entfernung oder einseitig gewahren, hier aber wird nichts von dem erhabenen Himmelsschauspiel dem Auge entzogen. Höchst seltsam ist auch das Gefühl totaler Einsamkeit in diesen von allem Irdischen scheinbar abgezogenen Regionen. Man könnte sich fast schon auf dem Wege hinüber glauben, als eine Seele, die zum Jenseits auflöge. Die Natur ist hier ganz lautlos, selbst den Wind bemerkt man nicht, da man ihm keinen Widerstand leistet und mit dem leisesten Hauche fortgeweht wird. Nur um sich selbst drehte zuweilen die kleine Wiege mit ihrem kolossalen Ball sich, gleich einem Vogel Rock, der sich im blauen Äther schaukelt.

Voller Entzücken stand ich einmal jählings auf, um noch besser hinabzuschauen. Da bemerkte Herr Reichard kaltblütig, ich möchte das nicht tun, denn bei der Eile, mit der alles gegangen, sei der Boden der Gondel nur geleimt und könnte leicht abgehen, wenn nicht behutsam mit ihm verfahren würde.

Man kann sich denken, dass ich unter solchen Umständen mich fortan so ruhig wie möglich verhielt. Die erwähnte Eile schien auch bei der Füllung obgewaltet zu haben sowie bei der Ballastprovision, denn wir fingen bereits an zu sinken und mußten mehrere Male von dem sparsam werdenden Ballast auswerfen, um wieder zu steigen. So hatten wir fast unvermerkt uns in das Wolkenmeer getaucht, das uns nun ringsum wie dichte Schleier umgab, durch welche die Sonne nur wie der Mond schien, eine Ossiansche Beleuchtung von seltsamer Wirkung, die eine geraume Zeit anhielt. Endlich zerteilten sich die Wolken und schifften nur noch einzeln am wieder klaren, azurnen Himmel umher. Als sollte nun unsrer glücklichen Fahrt auch keins, selbst der seltensten, Ereignisse fehlen, so erblickten wir jetzt erstaunt auf einem der größten Wolkengebirge eine Art Fata Morgana, das treue Abbild unsrer Personen und unsres Balles, aber in den kolossalsten Dimensionen und von bunten Regenbogenfarben umgeben. Wohl eine halbe Stunde schwebte uns das gespenstige Spiegelbild fortwährend zur Seite, jeder dünne Bindfaden des uns umgebenden Netzes zum Schiffstaue angeschwollen, wir selbst aber gleich zwei unermeßlichen Riesen auf dem Wolkenwagen thronend. Gegen Abend ward es wieder trübe in der Höhe. Unser Ballast war verbraucht, und wir fielen mit beunruhigender Schnelle, was Herr Reichard an seinem Barometer wahrnahm, denn der Empfindung ward nichts davon kund.

Ein dichter Nebel umgab uns eine Weile, und als wir nach wenigen Minuten durch ihn herabgesunken waren, lag plötzlich von neuem die Erde im hellsten Sonnenschein unter uns, und die Türme von Potsdam, die wir schon deutlich unterscheiden konnten, begrüßten uns mit ihrem freudigen Carillon (Glockenläuten). Unsere Lage war jedoch diesem festlichen Empfang gar nicht angemessen. Schon hatten wir beiderseits, um uns leichter zu machen, unsere Mäntel herausgeworfen sowie einen gebratnen Fasan und zwei Bouteillen Champagner, die wir zum Abendessen mitgenommen, und wir lachten im voraus bei der Voraussetzung, welches Erstaunen diese Meteore bei den Landbewohnern erregen würden, wenn etwa einem oder dem andern auf dem Felde Schlafenden der gebratene Fasan ins Maul oder der Wein vor die Füße fiele, oder gar auf den Kopf, wo der Champagner statt heiteren Rausches als vernichtender Donnerkeil wirken könnte.

Wir selbst aber waren, gleich jenen Gegenständen, im vollkommensten Fallen begriffen und sahen dabei nichts weiter unter uns als Wasser (die vielen Arme und Seen der Havel), nur hie und da mit Wald untermischt, auf dem wir uns möglichst zu dirigieren suchten. Der Wald erschien mir aus der Höhe nur wie ein niedriges Dickicht, dem wir uns jetzt mit größter Schnelle näherten. Es dauerte auch nicht lange, so hingen wir wirklich in den Ästen eines die-

WILHELMINE UND GOTTFRIED REICHARD 1835

ser - Sträucher. Ich machte schon Anstalt zum Aussteigen, als mir Herr Reichhard zurief: „Um Himmels willen! Rühren Sie sich nicht, wir sitzen fest auf einer großen Fichte!" So sehr hatte ich in kurzem den gewöhnlichen Maßstab verloren, daß ich mehrerer Sekunden bedurfte, ehe ich mich überzeugen konnte, daß seine Behauptung ganz wahr sei.

Wir hingen indes ganz gemächlich in den Ästen des geräumigen Baumes, wußten aber durchaus nicht, wie wir herunterkommen sollten. Lange riefen wir vergebens um Hilfe, endlich kam in der schon eingetretenen Dämmerung ein Offizier auf der nahen Landstraße hergeritten. Er hielt unser Rufen zuerst für irgendeinen ihm angetanen Schabernack und fluchte gewaltig. Endlich entdeckte er uns, hielt höchst verwundert sein Pferd an, kam näher und schien immer noch seinen Augen nicht trauen zu wollen, noch zu begreifen, wie dies seltsame Nest auf die alte Fichte geraten sei. Wir mußten ziemlich lange von unserer Höhe perorieren (laut rufen), ehe er sich entschloß, nach der Stadt zurückzureiten, um Menschen, Leitern und einen Wagen zu holen.

Abwärts mit der Taucherglocke

Der erste **Themsetunnel** wurde in den 1820-er Jahren in London gebaut. Dabei kam es zu Wassereinbrüchen, bei denen mehrere Arbeiter ertranken. Um die Londoner von der Sicherheit des Baus zu überzeugen, wurde der Bauingenieur Marc Isambard Brundel (1769-1840) von den Unternehmern beauftragt, **im Tunnel ein Festessen** auszurichten. Pückler hat die Arbeiten zur Beseitigung eines der Tunnelbrüche bei seinem Londoner Aufenthalt verfolgt und im nebenstehenden Brief an Lucie von Pückler beschrieben:

London, den 20. August 1827

Liebe Getreue!
Die Neugierde führte mich heute nochmals zu den Arbeiten am Tunnel, wo ich in der Taucherglocke mit auf den Grund des Wassers hinabfuhr und wohl eine halbe Stunde dem Stopfen der Lehmsäcke, um den Bruch wieder mit festem Boden zu füllen, zusah. Einen ziemlich starken Schmerz in den Ohren abgerechnet, aus denen sogar bei manchen Menschen Blut fließt, ohne jedoch nachher der Gesundheit zu schaden, fand ich es, je tiefer wir sanken, desto behaglicher in dem metallenen Kasten, der oben dicke Glasfenster hat, neben welchen zwei Schläuche ausgehen, die frische Luft ein- und die verdorbene auslassen. Dieses Behältnis hat keinen Boden, sondern nur ein schmales Brett, um die Beine daraufzustellen, nebst zwei festen Bänken an den Seiten. Einige Grubenlichter geben die nötige Helle.
Die Arbeiter hatten herrliche Wasserstiefel, welche vierundzwanzig Stunden lang der Nässe widerstehen, und es belustigte mich, die Adresse des Verfertigers derselben hier bei den Fischen, „auf des Stromes tiefunterstem Grunde", in mein Portefeuille *(Brieftasche; hier: Notizheft)* zu schreiben. Nachdem ich glücklich dem Wasser widerstanden, hätte mir am Abend bald das Feuer einen üblen Streich gespielt. Ein herabgebranntes *bougeoir (Handleuchter)* zündete, als ich auf einen Augenblick in eine andere Stube gegangen war, die Papiere meines Schreibtisches an, und ehe ich löschen konnte, wurden viele mir sehr interessante Sachen vernichtet. Briefkopien, Kupfer und Zeichnungen, ein angefangener Roman (wie schade!), eine Unzahl gesammelter Adressen, ein Teil meines Tagebuchs - alles wurde ein Raub der Flammen. Lächeln mußte ich, als ich sah, daß die Quittungen unberührt geblieben, die unbezahlten Rechnungen aber alle bis auf die letzte Spur konsumiert waren. Das nenne ich ein verbindliches Feuer! Der große Pack Deiner Briefe ist nur rundum angebrannt, so daß sie jetzt wie auf Trauerpapier geschrieben aussehen. Auch ganz richtig - denn Briefe unter Lieben trauern immer, daß man sie überhaupt zu schreiben genötigt ist.

Pückler an Lucie in „Briefe eines Verstorbenen"   BV 2/450

ERSTE EINSATZFÄHIGE TAUCHERGLOCKE DES ENGLÄNDERS EDMOND HALLEY, 1717

LANDUNG EINES BALLONS BEI BERLIN. ANONYME DARSTELLUNG UM 1815

Zuletzt ging alles gut vonstatten, aber in dunkler Nacht erst fuhren wir in Potsdam ein, den wenig beschädigten, nun leeren Ballon in unsern Wagen gepackt und die treue Gondel zu unsern Füßen. Im Gasthofe „Zum Einsiedler", der damals nicht der beste war, hatten wir leider reichliche Ursach, den Verlust unsres mitgenommenen Soupers bitter zu beklagen, da wir keine andere Würze des neuen als den Hunger auftreiben konnten.
Acht Tage nachher brachte mir ein Bauer meinen Mantel wieder, den ich noch besitze, und fünfzehn Jahre darauf, als ich mit einem preußischen Postmeister in ein ziemlich lebhaftes *pour parler (Gespräch)* geriet, weil er mich über die Gebühr auf Pferde warten ließ, sah mich dieser plötzlich mit der freundlichsten Miene von der Welt an und rief: „Mein Gott! Sie sind ja der Herr, den ich aus dem Luftballon gerettet habe - jetzt erkenn ich Sie an Sprache und Gesicht. Da mußten Sie noch länger auf Pferde warten", setzte er lächelnd hinzu, „also beruhigen Sie sich jetzt nur." Was eine solche Erinnerung nicht tut! Der Mann, der früher auch den Befreiungskrieg mitgefochten, kam mir nach der gemachten Eröffnung nun höchst liebenswürdig vor, und von Erzählung zu Erzählung übergehend, warteten bis zuletzt die Pferde, jetzt durch meine Schuld, solange, daß das ungeduldige Blasen des Postillions mich mehrere Male mahnen mußte, ehe ich, dem biedern Veteranen die Hand drückend, wahrscheinlich den letzten Abschied von ihm nahm...   TF 1/301

DIE PYRAMIDEN: VON NAHEM NICHT MEHR SO IMPOSANT ALS IN DER WEITE

Zu hoch geschraubte Erwartung

Ein Jahr lang, 1837 bis 1838, hält sich Pückler als Gast des türkischen Statthalters in Ägypten, **Mehemed Ali** (Mohamed Ali), im Nillande auf. Der großzügige Gastgeber, in Europa wegen seiner Herrschermethoden nicht in bestem Rufe, finanziert das Pücklersche Reiseunternehmen wohl in der Absicht, sich von dem renommierten Schriftsteller ein **besseres Image** zu verschaffen - was mit der Herausgabe von Pücklers Reisebuch „Aus Mehemed Alis Reich" teilweise gelingt. Pückler hat meist zwei gut ausgerüstete **Nilbarken** zur Verfügung, unternimmt aber auch zu **Pferd, Esel und Dromedar** ausgiebige und anstrengende Ritte in die Wüste. Obwohl ein Gegner der Verunstaltung historischer Denkmäler durch Inschriften der Neuzeit, macht er regelmäßig **Ausnahmen für sich selbst** und lässt - wie andere vor und neben ihm - seinen Namen in Säulen und Pyramidenspitzen ritzen.

CHEOPSPYRAMIDE UND SPHINX

SÄULE IM RAMESSEUM, DEM TOTENTEMPEL VON RAMSES II. IN THEBEN-WEST, MIT DEM EINGEMEISSELTEN SCHRIFTZUG: PÜKLER MUSKAU.

FOTO: BÄRBEL HELBIG

Am Rande der Wüste empfing uns ein halbes Dutzend Beduinen, die sich uns als Führer aufdrangen, und obgleich wir ihnen versicherten, daß wir nur höchstens zwei von ihnen brauchten, war es doch nicht möglich, ihrer wieder loszuwerden. Neugierig suchten meine Augen zuerst den kolossalen Sphinx auf, den man vor einigen Jahren ganz freigemacht hatte, der aber jetzt vom Sande schon wieder bis an den Hals verschüttet ist, so daß man nur den Kopf sieht. Von weitem erkennt man seine Physiognomie noch ganz gut, von nahem aber wird er, verstümmelt wie er ist, nur zu einer unförmlichen Masse, auf der sich jedoch noch ein großer Teil der roten Farbe, mit der das Ganze einst angestrichen war, erhalten hat. Er sieht in seinem jetzigen Zustande einem Pilze ähnlicher als einem Kopfe und stimmte meine etwas zu hoch geschraubte Erwartung etwas herab.

PÜCKLERS REISETROSS IN AFRIKA, LITHOGRAPHIE UM 1840

Auch muß ich aufrichtig bekennen, daß die Pyramiden selbst keinen viel günstigeren Eindruck auf mich machten und mir von Nahem durchaus nicht mehr so imposant als in der Weite erschienen, oft das Los der Großen auf der Erde!
Wenn man sie besteigt, ändert sich dies jedoch wieder, aber nicht in dem Maße, wie ich es voraussetzte, und wenn ein Vergleich die Sache anschaulicher machen kann, so muß ich sagen, daß das Straßburger Münster zum Beispiel an seinem Fuß wie auf seiner Spitze mein Gefühl weit mächtiger ergriff.   Ali 248

Hier muss man sich an alles gewöhnen

Vierzehn Stunden im Dromedarsattel

Nur wenige Europäer sind vor Pückler bis zum Blauen Nil in die Provinz Sennar vorgedrungen. Von den **Reisestrapazen** berichtet ein Brief Pücklers über den Nilort Dongola zwischen Libyscher und Nubischer Wüste an Lucie (der nicht in sein Buch „Aus Mehemed Alis Reich" aufgenommen ist).

Pücklers **freche Anrede** in diesem Brief - in einem anderen nennt er Lucie seine „Herzens-Alaune" - bezieht sich darauf, daß Lucie in Muskau und in Berlin ihre Beziehungen spielen ließ, um **neue Kunden** für den Absatz von **Alaun** (wichtiger Rohstoff aus Muskaus Gruben für Gerbereien, Färbereien und Arzneien) zu gewinnen.

Zeichnung aus „Allgemeine Illustrierte Zeitung" 1874

Pückler abgehärtet, unerschrocken

Kartoum, den 29. Mai 1837
Meine herzensliebe, alte, gute, dicke Alaunschnucke!
Wenn ich dieses Fegefeuer abhalte, wo ich gestern bei einer gewaltigen Migräne noch in der Nacht 32 Grad Rèaumür ! *(40° Celsius)* hatte, wo überdies epidemische Fieber von Dongola aus über 200 Meilen herrschen, und mir nebst allen Bequemlichkeiten auch der Wein ausgegangen ist, - so glaube ich, daß ich gegen alles agguerrirt *(abgehärtet)* bin. So viel ist gewiß, daß kein wendischer Bauer in der Herrschaft Muskau existiert, der nur halb so viel Entbehrungen und Mühseligkeiten auszuhalten hätte als ich seit Monaten. Wochenlang hatten wir in der Wüste nichts als spärliches Wasser, daß der Lehmtunke glich, die man beim Bauen zum Kalklöschen braucht, und nichts als Reis zur Nahrung, nur wenig Schlaf in vollem Anzuge, und 12 bis 14 Stunden lang in den 24 Stunden des Tages die stoßende und ermüdende Bewegung des Dromedars auszuhalten bei 39 Grad im Schatten *(48,7 °C)* und 54 *(68,1 °C)* in der Sonne! Ich bin hauptsächlich dadurch des größten Teils meiner Vorräte beraubt worden, daß ein Löwe unsere Karawane angriff, und die entsetzt fliehenden Kamele alles zerschmetterten, was irgend zerbrechbar war. Es war ein Jammer zu sehen, wieviel Champagner, Bordeaux, Öl, Essig, eingemachte Früchte in Branntwein, Cornichons, Kapern usw. (denn ich hatte mich ziemlich gut vorgesehen), bei dieser Gelegenheit unnütz den Sand der Wüste tränken mußten.
Der Löwe tat unseren Tieren indes nichts, sondern warf sich auf eine neben der Karawane lagernde Herde, aus der er einen fetten Esel zum Frühstück verzehrte und einen Ochsen in Stücke riß. Hier muß man sich an alles gewöhnen. Neulich badete ich im Nil, als man mir zurief: „Temsach, Temsach (Ein Krokodil, ein Krokodil)!" In der Tat sah ich nicht zehn Schritte von mir das Untier schon seinen Rachen emporrecken und machte, daß ich fortkam.

AB 2/79

PÜCKLERS BETT:
ARENA DER AMEISEN

Freiheit für die gefangene Armee

Das eben macht Pücklers **Reisefeuilletons** so anziehend und anrührend: neben der Schilderung der erhabenen Bauten der griechischen Antike und ihrer Geschichte vergisst er nie die kleinen und größeren **Missgeschicke** seiner Reise aufzuschreiben - sie sind ihm ebenso mitteilenswert. Solches Ungemach gehört zu den „Griechischen Leiden" - das ist der Untertitel seines Griechenland-Buches „Südöstlicher Bildersaal". Pückler reiste 1836 durch Hellas.

PÜCKLERS BETTZELT UNTER BÄUMEN
(ILLUSTRATION AUS „DER VORLÄUFER")

„Ich... muß indes, ehe ich Olympias Heiligtümer betrete, die man mehr mit der Phantasie unter der Erde als mit den Augen über derselben zu suchen hat noch vorher eines romantisch-schrecklichen Biwaks im Dorfe Miráka und einer großen dort gelieferten Schlacht gegen die höchst unheilige Allianz der Wanzen, Flöhe und Mücken erwähnen, in welcher wir leider auf schmähliche Weise den kürzeren zogen und viel kostbares Blut auf dem champ de bataille *(Kampfplatz)* zurückließen.

Die kolossalen Bäume, unter denen ich mein Lager aufgeschlagen, hatte ich beim Schein des Feuers für Platanen gehalten und erkannte erst am Tage zu meinem Erstaunen, daß es Feigenbäume waren, von denen des einen Stamm fünfzehn Fuß im Umfange maß und die Blätter so groß waren, daß eines derselben, was ich pour la rareté du fait *(als besondere Rarität)* mitnehmen wollte, in ein Foliobuch kaum halb hineinging und in meinem Herbarium nur ein Viertel davon Platz gefunden haben würde. Diese Riesen unter den Bäumen trugen keine einzige Frucht und waren mit ihren indezenten Feigenblättern vielleicht eine Mißgeburt.

Obgleich in meiner Bettfestung mich ganz sicher wähnend, erlitt ich doch in der Nacht so unbegreiflich heftige Stiche, daß ich mehreremal erschrocken und ich glaube selbst fluchend aus dem Schlafe in die Höhe fuhr und mit der ersten Lichtdämmerung am Morgen aufstehen mußte. Man denke sich meine angenehme Überraschung, als ich auf meinem Kopfkissen eine Bevölkerung von mehreren Hunderten großer Ameisen wimmeln sehe, von denen einzelne Detachements im ganzen Bett umher patrouillierten. Die mörderischen Stiche waren nun erklärt, aber wie war das Eindringen des Feindes möglich geworden? Des Schicksals Wege sind wunderbar! Als ich mich niederlegte, fand ich mein Kopfkissen zu niedrig und verlangte, vom Bösen betört, meinen Mantelsack zur Unterlage, der am Fuße des einen Feigenbaumes platziert worden war und in einer Seitentasche noch einige zerbrochene harte Eier nebst einem wohleingewickelten Stück Honig enthielt. Ohne Zweifel hatte die Ameisenkolonie, ohne Gewissen und Moralität, dieses fremde und süße Eigentum als gute Beute angesehen und sich schon früher in Masse darauf geworfen, als sie sich plötzlich auf meinen Befehl durch die Lüfte entführt und hierauf als kriegsgefangen zwischen vier undurchdringliche Musselinwände eingesperrt sah.

Von welchem Getümmel mag hierauf die stille Nacht Zeuge gewesen sein, ja wenn, wie manche Philosophen behaupten, auch die Tiere ihre uns unverständliche Sprache haben, welche denkwürdigen Reden selbst

„Der Naturgeist waltet großartig um uns, und die **Trümmer vergangener Größe** sprechen zu uns mit hundert beredten Zungen, und die Freiheit, die köstliche Göttin, hält ihren Hof in den Bergen".
Pückler an Lucie aus Olympia, 12.7.1836   AB 2/67

RUINEN DES STADIONS VON OLYMPIA

Pückler dringt über das Libanon-Gebirge zu den Ruinen von Baalbek vor

Zwar imposant, doch von geringem Kunstwert

mögen in dieser, vielleicht noch nie in der Geschichte der Ameisen vorgekommenen Lage in ihrem Kriegsrate gehalten worden sein (eine Deputiertenkammer wagte ich bei einem so despotischen Volke noch nicht vorauszusetzen), und welche Helden müssen es vor allem gewesen sein, die, kühn als Freiwillige hervortretend, dem furchtbar daliegenden, vielleicht sogar schnarchenden Riesen zuerst ihre spitzen Lanzen in die Weichen stießen, daß er brüllend auffuhr wie Poliphem *(Sohn des Meeresgottes Poseidon, geblendet von Odysseus, dem Helden der trojanischen Sage)*, und, im Dunkeln um sich tappend, nicht wußte, wie ihm geschah! Für die Historie bleiben diese schönen Details verloren, nur der schaffende Dichter ahnet sie – uns genügt es, das Faktum der Nachwelt aufbewahrt zu haben. Ein erhebendes Muster aber entfaltet der Großmut des Riesen, der nicht nur der ganzen gefangenen Armee die Freiheit wiedergab, sondern selbst den Gegenstand des Kampfes, das Stück Honig, mitten in der Hauptstadt des Feindes niederlegen ließ. Lange müssen die Ameisen seiner gedenken, und leicht mag bei gut gearteten Gemütern unter denselben das edle Beispiel nicht ganz verloren gehen.

„Es ist gut, dass ich schon in Algier von einer **Kammerjungfer** ein probates Mittel gegen den **Mückenstich** erhielt, was in der einfachen Anwendung von Zitronensaft besteht und ganz sicher ist", schreibt Pückler in „Semilasso in Afrika" SA 4/112

Nach dieser Tat, welche, den Lehren Zoroaster *(auch Zarathustra genannt, Begründer einer orientalischen Religionslehre)* gemäß, durchaus zu den tugendhaften gehört, ward jetzt eine Tonne vor mein Bett gestellt, auf diese ein Koffer gesetzt, und auf dem durch obige Vorrichtung gewonnenen Tisch meine Toilette ausgelegt, worauf ich den wichtigen Kultus des Waschens, Kämmens, Rasierens und so weiter in Gegenwart der mich andächtig umstehenden Ortsbewohner beiderlei Geschlechts absolvierte und nach genossenem Frühstück in das Tal von Olympia niederstieg".

SB 313

1838 zieht Pückler mit seiner Karawane durch **Syrien**, das damals die gesamte Küstenregion am östlichen Mittelmeer einnimmt und wie Ägypten zum Osmanischen Reich gehört. Hier besucht er auch die **Ruinen von Baalbek**, eine im heutigen Libanon gelegene riesige Tempelanlage, die dem Kult des Sonnengottes Baal gedient haben soll und um 1260 durch ein Erdbeben zerstört wurde. Die für die Terrasse des Jupitertempels benutzten Steinquader (20 x 4,5 x 3,5 m, rund 800 t schwer) waren zu Pücklers Zeiten wie auch heute Anlass für Spekulationen: Erich von Däniken und andere meinen, dass nur Außerirdische mit ihrer Technik solche Steinblöcke transportieren konnten.

1 Fuß = 0,31 Meter

Was die Ruinen von Baalbek betrifft, so ist ihr erster Anblick zwar imposant, ihr Kunstwert aber sehr gering, und bewundern kann sie nur der, welcher weder die Vollendung griechischer Tempel, noch die Wunder ägyptischer Bauwerke kennt. Die Massen sind allerdings bedeutend, und ein Teil der Säulen kolossal, aber Stil, Verhältnisse und Zierrate schon zu sichtlich aus den Zeiten des Verfalls, die Säulen zu bauchig oder zu schlank, ohne Harmonie zueinander gestellt, die Kapitäle und Friese überladen, und alles von der gröbsten Arbeit. So bildet der Plafond des Portikus im kleineren Tempel, von dem schon viel herabgefallen ist, ein konfuses und steifes Gewebe plumpen Blätterwerks mit Vertiefungen darin, aus denen häßliche Büsten heraussehen wie Frösche aus einem Sumpf.
Ein korpulenter Genius und ein Adler im Innern hätten zur Zeit Ludwigs des XV. nicht rokokoartiger ausgeführt werden können, und die nur halb aus der äußern Mauer hervortretenden Säulen geben dem Ganzen ein schweres ungeschicktes Ansehen. Doch ist ein Teil dieser Ruinen höchst merkwürdig, und dieser, der ohne Zweifel aus urältester Zeit herstammt, wäre selbst Ägyptens würdig. Ich meine die Grundmauern, auf denen die beiden römischen Tempel hauptsächlich erbaut sind. Die Größe der Steine, aus denen diese Basis besteht, ist staunenerregend. Die meisten derselben haben zwischen 30 bis 40 Fuß Länge bei 9 bis 10 Fuß Höhe und 6 bis 8 Fuß Dicke, einige fast 60 Fuß Länge! Es ist den Türken nicht zu verargen, wenn sie sich für überzeugt halten, daß dieser Bau von

PÜCKLERS MITBRINGSEL AUS ÄGYPTEN:
ALTÄGYPTISCHER GRABSTEIN UND KANOPE
(VASE ZUR AUFBEWAHRUNG MUMIFIZIERTER
KÖRPERTEILE)
FÜRST PÜCKLER MUSEUM COTTBUS-BRANITZ
FOTO: GERD RATTEI

einem **untergegangenen Riesenvolke** herrühre. In dem nahen Steinbruch liegt noch ein fast fertig bearbeiteter Stein, der offenbar zu demselben Bau bestimmt war, und noch größer als alle übrigen (an 70 Fuß lang) ist. Man begreift weder, warum man Steine von so ungeheuren Dimensionen zu einem bloßen Unterbau verwendete, noch durch welche leichtere Mittel als uns bekannt sind man sie transportierte, denn wäre dies so kostbar und fast unausführbar wie heute gewesen, so hätte man sie doch gewiß ohne alle Notwendigkeit nicht angewandt. Sonder Zweifel ist dieser rätselhafte Unterbau der einzige Ueberrest des ersten Baaltempels, in dem vor vielen Jahrtausenden die Sonne hier angebetet wurde. Wir haben eine Beschreibung des zweiten Sonnentempels zur Zeit Lukian's. Dieser erzählt, daß am Eingang desselben zwei enorme Phallus standen, welche die Höhe ägyptischer Obelisken erreichten, eine entrée *(Eingang, Einfahrt)*, die der heutigen Zeit freilich wunderlich vorkommen würde. 1)

1) Soviel ich weiß, schrieb sich der Kultus des Phallus ursprünglich vom Himmelszeichen des Stiers und Bocks her, in welche Zeichen die Sonne im Frühjahr tritt, wo die Erde von ihr gewissermaßen jedes Jahr neu befruchtet wird, und daher auch die Phallus am **Sonnentempel**. Diese, der Astronomie entnommene heilige Idee artete nachher, wie jede Religion, nach und nach durch die Leidenschaften der Menschen in verschiedene Mißbräuche aus.
DR 3/7

RUINEN VON BAALBEK

NILBARKE, GENANNT KANGSCHE

3 Skurriles

WENN DOCH DIE REISEFÜHRER UNS MEHR AUF DERGLEICHEN AUFMERKSAM MACHTEN ...

Unverhoffte Begegnung

Pückler gibt sich in Mailand **als Maler** aus, um einen echten Leonardo da Vinci zu sehen. Er ist ein **genauer Beobachter** und ein **vorzüglicher Erklärer** von Kunstwerken, deren er viele auf seinen Reisen kennenlernt, um sich ihrem Reiz hinzugeben. Bei dem Bild, das er 1808 beschreibt, handelt es sich um die „Heilige Anna Selbdritt", eine der Fassungen, die Leonardo da Vinci im Jahre 1500 malte.

JUNGFRAU UND KIND MIT DER HL. ANNA, GEMÄLDE VON LEONARDO DA VINCI, UM 1500

Die Kirche der Madonna del Celso ist modern und geschmackvoll dekoriert; besonders schön ist der blaue, mit Sternen gezierte Plafond. Während wir einige Altargemälde ansahen, näherte sich uns ein Priester und frug, ob wir Maler wären? Auf meine Bejahung führte er uns in ein Gemach, wo die Kostbarkeiten der Kirche aufbewahrt wurden, und zog den Vorhang von einem Bilde, das wir ohne Mühe für einen der schönsten da Vinci erkannten, ehe es uns noch als solches angekündigt wurde. Maria liebkost das Jesuskind, welches, mit einem Schäfchen spielend, darauf reiten will und lächelnd von der Mutter zurückgezogen wird; Katharina steht hinter ihr und sieht teilnehmend dem Spiele zu. Ich habe nie eine lieblichere Komposition gesehen: Die himmlische Gestalt Marias, die doch so viel irdische, üppige Reize verrät; ihr süßes schalkhaftes Lächeln, mit dem sie inbrünstig den goldgelockten Knaben an sich zieht: die über jede Bewegung verbreitete unnachahmliche Grazie machen, wenn ich mich so ausdrücken darf, eine Doppelwirkung von der höchsten Lebhaftigkeit auf den inneren und äußeren Sinn. Das kleine, trotzige Christuskind, das Ideal eines schönen Knaben, sieht dem leichtfertigen Sohn der Venus ähnlicher als dem zukünftigen Messias. Dieses Gemälde scheint wenig bekannt zu sein, et tel qui le verrait ne le voit pas (und wer es sehen möchte, sieht es nicht), weil er nichts davon weiß. Wenn doch die Reisebeschreiber von Metier und guides des voyageurs *(Reiseführer)* uns mehr auf dergleichen Sachen aufmerksam machten, anstatt langweilig herzunumerieren, was jeder Lohnbediente besser weiß als sie. BT 2/185

WALLENSTEINS ERMORDUNG IN EGER

Während eines Karlsbad-Aufenthalts 1834 besucht er auch das Städtchen Eger, Schauplatz der Ermordung von Fürst Albrecht von Wallenstein (1583 - 1634), Kaiserlicher General im 30-jährigen Krieg. Pückler schreibt an Lucie:

Im Rathaus befindet sich ein gutes Porträt Wallensteins, ganz dem unsern in M.(uskau) ähnlich. Lächerlich sind die daneben hängenden Bilder, welche seine Ermordung - in der Unterschrift „Exekution" benannt - darstellen. Wallenstein, eine schmähliche Karikatur, sieht aus, als wenn er im Hemde ein entrechat *(im Ballett: Kreuzsprung)* zu machen versuchte, und wegen schlechten Tanzens mit dem Stock in die Rippen gestoßen würde. VW 1/69

WENN MAN JUNG IST, WILL MAN
ALLE FURCHT BESIEGEN

Besuch in der Ahnengruft

Im Jahre 1815 steigt der junge Graf um Mitternacht in die **Gruft seiner Ahnen**, die unter der 1945 zerstörten Deutschen oder Stadtkirche von Muskau begraben liegen. Es ist der Reiz des Ungewöhnlichen, des Makabren, gepaart mit Neugier und dem Willen, den Altvorderen, den Lebensspendern und Namensgebern leibhaftig gegenüberzustehen. Es sind die Vorfahren **Pückler und Callenberg**, deren Bildnisse im Schloß Muskau und später im Vestibül des Schlosses Branitz jeder Besucher zuerst erblickt.
Pückler hat seinen Gruftbesuch in dem Buch „Tutti Frutti" verarbeitet.

Wer kann antworten, wer hat ergründet, wo das Leben denn eigentlich aufhört, wo der wahre Tod beginnt? Die Nachtseite der Natur ist uns verschlossen, die Tagesseite nicht minder ein Rätsel!
Woher das unbegreifliche Grauen vor den Toten, die kein Glied mehr rühren können, uns zu schaden - woher die nächtlichen Schauder, woher die eisige Furcht vor dem, was einst Leben hatte und uns wieder erscheint ohne Fleisch und Bein? - Wenn man jung ist, will man alle Furcht besiegen.

AUGUST HEINRICH GRAF VON PÜCKLER (1720 - 1810), PÜCKLERS GROSSVATER.
GEMÄLDE VON ANTOINE PESNE, UM 1750
SAMMLUNG FÜRST-PÜCKLER-MUSEUM
SCHLOSS BRANITZ

Ich ließ mir einst die Falltür aufschließen, die mitten in der Kirche zu unsrer Ahnengruft hinabführt, schickte herzhaft den Küster fort und stieg um Mitternacht allein hinab.
Drei Särge hatte man schon vorher auf meinen Befehl geöffnet, und die Deckel lagen daneben. Es war eine unbeschreibliche Stimmung, in der ich mich befand. Nein, es war nicht Furcht, es war nicht Grausen noch Entsetzen, es war nicht Wehmut - aber als sei alles dies in mir zu einem unerklärlichen Zustande zusammengefroren, als sei ich selbst schon ein Toter - so war mir zumute. Mein alter Großvater, der 86 Jahre des Lebens Bürde getragen, war der erste, den ich erblickte.

Sein schlohweißes Haar hatte sich in der bleiernen Hülle wieder blond gefärbt.
Sein Haupt lag nicht mehr in der alten Richtung auf dem Kissen, sondern hatte sich seitwärts mir zugewandt, und seine weiß kalzinierten Augen starrten mich an wie zum Vorwurf, daß ich im jugendlichen Übermute der Toten Ruhe gestört.

GUSTAV TÄUBERT: MUSKAUER STADTKIRCHE
KOLORIERTE LITHOGRAPHIE UM 1850
(AUSSCHNITT)

Wieder auflebend, tröstete ich mich, würde der liebevolle Mann mir doch nicht zürnen. Er war zu milde, selbst zu freidenkend dazu. Ich ging vorüber.
Im andern Sarge streckte sich unter goldgestickten Lumpen ein langes Gerippe hin; es war einst ein mächtiger Mann gewesen: Feldobrist im Dreißigjährigen Kriege und Landvogt im Markgraftum Lusatia *(Lausitz)*. Sein stattliches Bild hängt noch in meinem Ahnensaale, wie er eben, an der Spitze seiner Kürassiere unter Pappenheim, auf fliehende Schweden einhaut. Ach! Lange ist die laterna magica verlöscht, die jene hübschen Bilder erleuchtete - eine der übriggebliebenen Glasscherben nur lag vor mir!

Der dritte Sarg enthielt eine Frau, bei ihrem Leben die schöne Ursula genannt. Der kleine Totenkopf hatte eine dunkelbraune, häßliche Farbe angenommen; der ganze übrige Körper war mit einem langen, wunderbar erhaltenen Mantel von feuerfarbner Seide mit silbernen Fransen bedeckt. Ich wollte ihn aufheben, doch er kam mir selbst zuvor, denn bei der ersten Berührung zerfiel er fast in Staub, und eine Legion Kellerwürmer, Gott weiß, wie hier hereingekommen, wimmelten unter meinen Händen auf den zusammengebrochenen Knochen.

Ich setzte mich hin und betrachtete die lange Reihe Särge und die aufgedeckten Toten lange in dumpfer Betäubung; dann fiel ich auf meine Knie und betete, bis das Eis in meiner Brust in schmerzlich-süße Tränen zerschmolz.

Was von Furcht, Grausen und allen unheimlichen Gefühlen in mir gewesen, es verschwand vor Gott, und stille sanfte Wehmut blieb allein zurück.

Ich küßte ohne Abscheu meines guten alten Großvaters kaltes Haupt, schnitt eine spärliche Locke von seinem ehrwürdigen Scheitel, und hätte er in diesem Augenblick sich emporgehoben und meine Hand gefaßt, ich hätte mich nicht davor entsetzt. - Wundervolle Nacht des Gebets! - Wahrlich, der Wert der Frömmigkeit besteht nicht darin, daß sie in der Not durch unser Gebet ein drohendes Unglück abwenden könne - Millionen Fromme verderben, ohne daß Gott ihr Flehen erhört -, sondern darin, daß es uns selbst kräftigt, jeder Not zu widerstehen und sie zu ertragen, ja in der dadurch herbeigeführten innigern Gemeinschaft mit Gott etwas zu finden, was uns schon an sich selbst über alle irdische Not siegend hinweghebt. - Könnte eine so mächtige Wirkung Täuschung sein? - Wohl wenigstens dann dem Getäuschten!

Doch laß mich fortfahren in der Reihe meiner Begräbnisbilder - die Vergangenheit habe ich ausgebeutet, um noch einen Blick in die Zukunft zu tun! Ich begrabe mich selbst. - Wie aber richte ich dies zeitgemäß wohl am passendsten ein? Die heutige Zeit spiegelt die faktische Kräftigkeit der vergangenen in idealer Romantik wieder ab; aber diese Poesie ist stark mit metaphysischen skeptischen Elementen versetzt. Vorrechte z. B. ist ein übel klingendes Wort geworden; von allgemeinen Menschenrechten soll es sich künftig nur handeln. Gleichheit lockt beinahe noch mehr als Freiheit, und schon ist im wesentlichsten der Unterschied der Stände gefallen.

CURT REINICKE II. (1651 - 1709), GRAF VON CALLENBERG, PÜCKLERS UR-UR-GROSSVATER. ÖLBILD, FÜRST-PÜCKLER-MUSEUM SCHLOSS BRANITZ

Also von meinen Vasallen, die bei dem bloßen Namen schon lächeln, lasse ich mich gewiß nicht zu Grabe tragen. Von der alten modrigen Gruft will ich ebenfalls nichts mehr wissen, seit ich sie schon im Leben gesehen; dem Zeitgeist gemäß bin ich auch schon zu gut polizeilich gesinnt worden, um unter der allsonntäglich vereinten Gemeinde verfaulen und auch mein bescheiden Teil an der Ursache verschiedener Epidemien auf mich nehmen zu wollen. Nein - von den guten, rüstigen Wenden, denen ich mein ganzes Leben hindurch das ihre leidlich erhalten durch die Arbeit, welche ich ihnen gab, soviel sie deren nur verlangten, von diesen, denen es als ein zehnfacher Arbeitstag gerechnet werden mag, will ich mich hinaustragen lassen auf die Berge und einsenken an der Stelle, wo meine liebste Aussicht war. Dürfte ich dort im Feuer aufgehn, noch besser, aber ich glaube, die Kirche gestattet es nicht. Sie verbrennt nur Lebende; freilich auch diese schon lange nicht mehr, aber unsere Schuld ist dies, ihre gewiß nicht. Den Schein der Fackeln will ich auch nicht, sondern Sonne, aber Musik darf nicht fehlen; nur keine traurige, lieber moderne Kirchenmusik von Rossini aus „Graf Ory" z.B., oder, wie ich neulich, nach eben eingeführter neuer

URSULA REGINA GRÄFIN VON CALLENBERG (1658-1714), PÜCKLERS URURGROSSMUTTER MÜTTERLICHERSEITS, UM 1700

Agende (Gottesdienstordnung), den Jägerchor aus dem „Freischützen" recht brav von der Schuljugend ausführen hörte. - Warum auch Trauer? Gott lebt ja noch, wenn wir auch tot sind, und also ist eigentlich kein Ende, sondern nur ein neuer Anfang - kein Tod, sondern nur eine Geburt zu zelebrieren.

Ich protestiere feierlich, wenn ich ausgestellt werden muß, gegen alle Fratzenkleidung unsrer Zeit, es sei nun eine zusammengeschnürte Uniform, die selbst einen Toten noch inkommodieren (belästigen) könnte, oder das Unding eines modernen Fracks nebst Weste und Hosen. Sollte sich gar einer unterstehen, mir einen Orden anzuhängen, so gebe ich ihm im voraus meinen Fluch dafür, daß er einen Leichnam noch zu verspotten wagt.

Schaurig-schöner Ball

Die Gäste sitzen auf „Leichentüchern"

An den Freund aus Weimarer Zeiten, den Oberhofmarschall Emil Freiherr Spiegel von und zu Pickelsheim - nicht Graf von Spiegel, wie ihn Ludmilla Assing nennt -, schreibt Pückler im Februar 1816 jenen Brief, in dem er sich als **extravaganter Spaßmacher** im sonst stillen und abgeschiedenen Muskau darstellt. Den Oberhofmarschall lernte er zwei Jahre zuvor bei seinem Dienst als russischer Major und Adjutant des Herzogs von Sachsen-Weimar während der Befreiungskriege 1813/14 kennen.

Es gibt meines Erachtens nur eine zweckmäßige Art, Leichen zu bekleiden, und diese ist: sie mit einem weißem Tuch zu bedecken - wie der Himmel auch sein eingeschlafnes Jahr mit weißer Decke überzieht. Die Liebe mag das geheimnisvolle Tuch noch einmal lüften, die Neugier suche sich etwas andres aus. - Ja, die Liebe! Für die ist kein Tod! Für die ist auch nichts entstellt, denn sie lebt immerfort im ewigen Reiche der Schönheit. - Wärst du mir beschieden, o beneidenswertes Los! Das ein liebendes Herz noch über mir schlüge, wenn das meinige zu schlagen aufgehört,

PÜCKLER KANNTE BEIM SCHREIBEN DES AHNENGRUFT-KAPITELS AUS „TUTTI FRUTTI" (1834 VERÖFFENTLICHT) DAS SCHICKSAL DES FÜRSTENHAUSES AUF DEM COTTBUSER SCHLOSSBERG, DAS 1816 ZU EINER WOLLGARNSPINNEREI (MIT QUALMENDEM SCHORNSTEIN) UMGEWANDELT WAR. AQUARELLIERTE ZEICHNUNG (AUSSCHNITT) VON HEINRICH VESTER (1806 - 1891).

dass eine Träne der Wehmut auf mein blasses Antlitz fiele und eine zitternde Hand den letzten frischen Rosenkranz auf mein Haupt drückte - ach! Gewiß, ich würde sanfter, süßer davon schlafen!- Und wieder sind nach meinem Tode hundert Jahre vergangen. Wie wird es nun wohl mit der Liebe stehen, wo die industrielle Zeit in aller ihrer Kraftentwicklung da ist, deren Morgenröte schon während meines Lebens mit Dampf- und Geldregiment so hell hereinbrach - wo die rohe, die klassische, die romantische, unsre konfuse und wiederkäuende Zeit - alle vorbei sind und die nützliche allein die Menschen regiert? Noch einmal berührt mit magischem Stabe mich der Zauberer. Ich erblicke die Fluren wieder, deren Verschönerung ich den besten Teil meines Lebens gewidmet. Was sehe ich? Schiffbar ist der Fluß geworden, der meinen Park durchströmt; aber Holzhöfe, Bleichen, Tuchbahnen, häßliche, nützliche Dinge nehmen die Stelle meiner blumigen Wiesen, meiner dunklen Haine ein! Das Schloß - darf ich meinen Augen trauen? - beim Himmel! Es ist in eine Spinnanstalt umgeschaffen .. „Wo wohnt der Herr?" ruf ich ungeduldig aus.- „In jenem kleinen Hause, das ein Obst- und Gemüsegarten umgibt", tönt meines Unsichtbaren Antwort,- „Und gehört meinem Urenkel denn das alles nicht mehr, was ich einst mein nannte?" - „O nein, das hat sich mit der Zeit wohl unter hundert verschiedenen Besitzern verteilt. Wie könnte einer so viel haben und Freiheit und Gleichheit bestehen!"
Ich schreite auf das Häuschen zu, dessen Mauern sich meinem magnetisierten Auge alsobald öffnen, und sehe, wie der Tod schon wieder geschäftig gewesen. Verlassen in dem Winkel einer Kammer liegt der Herr des Hauses still in seinem Bett. - „Der Vater ist tot!" höre ich eben den Sohn zu einem andern sagen. „Es ist kein Zweifel mehr, fahrt ihn hinaus."
Ach, lieber Leser, welch ein Begräbnis! Du fragst, wohin es mit der Leiche ging? - Nun natürlich, wo sie am nützlichsten ist: - aufs Feld als Dünger. AW 2/110

■

... Menschenkenntnis sowohl im einzelnen als allgemeinen zu erwerben ist bekanntlich ein sehr lobenswertes Bestreben. In dieser Absicht gab ich unter anderen auch neulich hier ein Fest, welches drollig genug ausgefallen ist. Ich ließ nämlich, da ich im Grunde nirgends mehr fremd bin als bei mir zu Hause und daher wenig Menschen kenne, durch die Zeitung der Provinz alle Welt zu einem großen Maskenball einladen, wobei jedem der Eintritt verstattet wurde, der nur eine Maske vorhatte; jedoch mit dem ausdrücklichen Beding, sich nicht zu demaskieren, selbst nicht beim Essen.

Damit alle bei einem Soupé versammelt sein könnten, hatte ich das Theater in einen Saal umgewandelt, Tische von Brettern für eine Anzahl darin zusammengeschlagen, und, um mich auch der Ökonomie zu befleißigen, die um die Tische laufenden Bänke mit den schwarztuchenen Leichentüchern beschlagen lassen, die in unserer Familiengruft aufbewahrt, und zur Beerdigung des jedesmal, respektive selig, verstorbenen Herrn, schon, glaube ich, seit sehr langer Zeit gebraucht worden, denn die Motten hatten sie bereits sehr stark angenagt.

Ich selbst hatte mich krank gemeldet, und sah aus einer loge grillée *(vergitterter Verschlag)* dem Spektakel zu. Wie tölpisch sich das gute Volk benahm, ist gar nicht zu beschreiben, und da ich mit Fleiß alles auf englische, hier völlig unbekannte Art eingerichtet hatte, und servieren ließ, so wurde die Konfusion komplett. Meine schönen englischen Kristallgefäße befanden sich aber sehr schlecht dabei, denn ihre Stunde

MASKENBALL: LITHOGRAPHIE VON PAUL GAVERNI, 1845

schlug meistenteils an diesem verhängnisvollen Tage. Eine prächtige Punschbowle dieser Art mit glühendem Tranke gefüllt, zerschmetterte ein Elegant, indem er, sich zu eilfertig hinzudrängend, gerade mit dem Gesicht hineinstürzt, so daß alle Umstehenden verbrüht wurden, und mehrere Damen einen kleinen Schrei des Schreckens ausstießen, der mein fühlendes Herz in der Loge beängstigte. Nach mehreren possierlichen Unglücksfällen dieser Art, während welcher das ungeheure Gedränge das Tanzen fast unmöglich machte, um so mehr, da ich den Musikanten befohlen hatte, zuweilen aus einer Ecossaise *(schottischer Tanz)* unvermerkt in einen Walzer, Symphonie oder Marsch überzugehen, wobei der Kampf der Tanzenden mit der Musik bald nachgebend, bald widerstrebend, ein seltsames Schauspiel darbot - trat endlich die Stunde des Soupé ein.

Gegen das Ende desselben ließ ich durch meine Getreuen mißbilligend verbreiten, daß die Gäste eigentlich auf Leichentüchern säßen, die noch kürzlich Leichname umhüllt hätten, und ein verwirrter Mensch wie ich leicht fähig wäre, auch ein Ragout von Leichen aufzutischen. Jeder griff bestürzt unter sich, und als er das modrige Tuch fühlte, fuhren viele ganz entsetzt in die Höhe. In diesem Augenblick erzeigten

ZEICHNUNGEN: MELANIE KOTISSEK

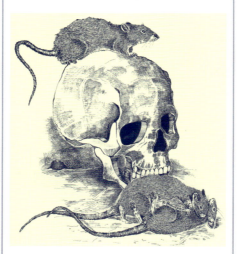

MASKENKOSTÜME DES 18. JAHRHUNDERTS
AUS: „COSTUMES DES XVI., XVII. ET XVIII. SIECLES". PARIS 1828

mir die Mäuse einen Dienst, den ich ihnen nie vergessen werde.
Durch eine alberne Anlage meiner Vorfahren befindet sich gerade über dem Theater ein Kornboden. Durch diesen ging der Strick, an welchem der altmodische Kronleuchter des Theaters hing. Diesen Strick nun müssen die Mäuse zerfressen haben, denn in dem Augenblicke, wo es bekannt wurde, woraus die Gefäße der verehrten Gesellschaft bestünden, und wo jeder schon mit Schauer Leichengeruch zu wittern meinte, stürzte mit einem fürchterlichen Geprassel der alte Kronleuchter auf die Mitte der Tafel. Nun war kein Halten mehr, alles wogte zum Ausgang, und ein, mit seltener Geistesgegenwart, von mir angeordnetes Feuergeschrei machte mein Haus in weniger als fünf Minuten zur Einöde.

Ich hoffe, mich durch diese Fête um diese Provinz verdient gemacht zu haben, denn längerer Stoff zu Kaffee-Visiten und Bierkränzchen ist ihnen gewiß seit lange nicht vorgekommen.   BT 5/463

Pückler als Satiriker

Die befohlenen Wegweiser

In seinem Buch „Tutti Frutti" legt sich Pückler - nicht zu seinem Vorteil - mit der preußischen Bürokratie an. „Feder- und Papierdespoten" nennt er die Beamten, und er schreibt in seiner fiktiven Geschichte „Die Flucht ins Gebirge" den Monolog eines Majors und Gutsbesitzers auf, den er besucht und der ihm sein Leid über die Regierenden klagt:

„Sieh den Aktenstoß hier auf dem Nebentische. Kurz vor deiner Ankunft brachte der Postbote das Pack, und ich habe es noch nicht geöffnet, um mir den Appetit nicht zu verderben. So geht es seit Jahren fort und endet nimmer! Jede Woche erscheint irgendwoher wenigstens ein Erlaß oder eine neue Verordnung, wäre es auch nur, um die Posteinnahme zu erhöhen; oft jagen sie sich wie Gewitterwolken Tag für Tag.

Heute bekomme ich z. B. Befehl, bei Kriminalstrafe in jedem elenden Dorfe drei verschiedene Pestlazarette anzulegen und eine solche Menge Dinge dazu anschaffen zu lassen, daß das ganze Vermögen der Gemeinde sie nicht zu bestreiten imstande wäre. Zugleich sollen die armen Bauern in der Heuernte ihr Dorf verlassen, um einen Kordon gegen die Cholera zu ziehen. Den andern Tag wird mir bei zehn Talern Strafe angekündigt, binnen vierzehn Tagen auf allen Kreuzwegen meines Guts so und so angestrichene Wegweiser aufzustellen; am dritten werde ich aufgefordert, schleu-

ILLUSTRATION AUS „DIE GOLDENE LEGENDE" VON OTTO VON CORVIN

nigst die oder jene Straße in eine weiche Chaussee *(mit Sand und Lehm verfestigter Weg)* umzuwandeln. Habe ich nun mit unsäglicher Mühe und nicht geringen Kosten wenigstens ein Lazarett in jedem der elenden Dörfer zustande gebracht und pro forma wenigstens einige Leute gegen die Cholera an der Dorfgrenze zu manövrieren abgeschickt, so kommt in der nächsten Woche die konfidentielle *(vertrauliche)* Nachricht vom Landrat: man möchte sich nicht übereilen, da man höheren Orts wieder andere Prinzipien angenommen zu haben scheine.
Ist die Pseudo-Chaussee endlich mit vielen Kosten fertig: so findet sich's, daß bei schlechtem Wetter kein Mensch darauf fortkommen kann und die Leute nun gewaltsam über Felder und Wiesen fahren müssen, wenn sie nicht auf der neuen Straße übernachten wollen.
Die Wegweiser aber haben boshafte Leute eines Morgens abgesägt. Ich will schon in den sauren Apfel beißen, neue machen zu lassen, als mir mein Nachbar sagt: Wartet doch erst, ob man's euch wieder befiehlt! - mein Nachbar nämlich hatte auch Wegweiser nach Befehl aufgestellt, aber humoristisch nichts darauf schreiben lassen - und niemand fand Anstoß daran, denn die Eingeborenen wußten ohnehin den Weg, und Fremde kommen ja so leicht in unsere Wüste nicht. Ich folgte dem Rat; und wirklich, kein Mensch hat sich weiter darum bekümmert. Die Wegweiser liegen noch - denn selbst sehen und kontrollieren, das ist unserer nur am Schreibtisch unermüdlichen Regierer Sache nur selten.
Es war also vielleicht bloß einem Referendar oder Assessor nur auf der Studierstube eingefallen, daß Wegweiser eine nützliche Sache seien. Er hatte seinen Vortrag gemacht, und gleich wurde an uns arme souffre-douleurs *(Sündenböcke)*, die Gutsbesitzer, dekretiert, dergleichen auf unsere und Gemeindekosten zu errichten. Den Befehl einmal gegeben, dachte niemand weiter daran. Haben wir doch unsern verehrlichen Herrn Regierungspräsidenten, obgleich er schon zehn Jahre regiert, noch nie in unserm Kreise gesehen. Im benachbarten Orte fuhr er einmal durch, war aber unpäß und schlief, dem Vernehmen nach, von einer Grenze bis zur andern."

TF 2/31

Im **Jagdhaus** südwestlich des Dorfes Weißwasser, eine knappe Reitstunde von Muskau entfernt, entsteht 1833 Pücklers einziges unter seinem Namen veröffentlichtes Werk „Andeutungen über Landschaftsgärtnerei", das ein Jahr später in Stuttgart erscheint. Das herrschaftliche Jagdhaus war von Curt Reinicke I. Graf von Callenberg, Pücklers Urururgroßvater mütterlicherseits, im Jahre 1639 erbaut worden.

Pückler hatte nach eigenen Plänen rund um das Haus einen **kleinen Park** anlegen lassen. Für seine Arbeit an dem Buch - heute noch ein Klassiker in der Handbibliothek jedes Landschaftsgärtners - hatte sich der Fürst jegliche Störung verboten, die allerdings diesmal zu einem **Klageschrei aus dem Urwald** ausartete: Im Sommer 1833 schickt er folgenden empörten Brief an seinen Sekretär Hahn nach Muskau:

Pückler als Beschwerdebriefschreiber

Klagebrief aus dem Jagdhaus

Das Jagdhaus wurde 1850 - Pückler lebte bereits in Branitz - im Auftrage des Prinzen Friedrich der Niederlande durch ein Jagdschloss im normannischen Stil überbaut. Es wurde im Jahre 1973 abgerissen. Das Bild zeigt die Fichte am Jagdschloss in einer kolorierten Lithographie von Gustav Täubert um 1850

Warum in Teufels Namen kömmt weder der Bote mit den Zeitungen und Briefen, noch schickt die Inspektorin Brod etc. Wollen Sie mich hier aushungern, oder ist ein Erdbeben in Muskau gewesen? Wahrlich, man sollte glauben, ich sei dort der Letzte und nicht der Erste.
Ich werde Sie mit der Inspektorin, der Jungfrau Koch, auf dem Boden einsperren, und nicht eher herauslassen, bis Ihre Henne ein Ei gelegt hat.
Schämen Sie sich alle zusammen und schicken Sie mir augenblicklich Brod und Briefe.
BT 8/344

Pückler als Märchenerzähler

Keine Skorpione in Dougga

Im Jahre 1835 reist Pückler durch **Tunesien**. Er besucht die heilige Stadt Kairouan und die römische Ruinenstadt Dougga, einen Ort, den er „sowohl wegen seiner Umgebung als der **Wichtigkeit seiner Altertümer** für den sehenswertesten im Königreich erklären muß".

Der hiesige Tempel, welcher wahrscheinlich dem Jupiter geweiht war, denn das erste Wort der Inschrift des Giebelfeldes schien „Jovis" zu sein, und auch der Adler deutet diese Bestimmung an – verdankt seine gute Erhaltung hauptsächlich einer Naturmerkwürdigkeit oder einem Aberglauben: daß man nämlich, wie ich schon weiter oben einmal berührte, Dougga für einen jener Orte halte, an dem alle Skorpione schnell sterben müssen und wo man in der Tat nie welche antrifft. Des Schechs Thaleb, mit dem ich mich unter den Säulen auf meine Teppiche gelagert hatte (wir mußten sie diesmal auf einen trocknen und unbenutzten Düngerhaufen, der das ganze Terrain um den Tempel bedeckte, ausbreiten, weil dort allein Schatten zu

RUINEN DER RÖMERSTADT DOUGGA, TUNESIEN

erlangen war, hatten jedoch wohlweislich Sorge dafür getragen, vorher Matten der Beduinen unterzulegen) erzählte mir ein seltsames Märchen über diesen Umstand. „Ein mächtiger König und Zauberer", sagte er, „residierte in grauer Vorzeit hier, der eine wunderschöne Tochter hatte. Um diese vor dem Stich der Skorpione zu bewahren, von denen es damals in hiesiger Gegend wimmelte, legte er einen Zauber auf die Luft rund umher, so daß in ihr keins dieser gefährlichen Tiere mehr leben konnte. Als die schöne Prinzessin mannbar geworden, begehrte ein benachbarter Riese, der ebenfalls ein großer Schwarzkünstler war, sie zur Frau, erhielt aber, als ein häßlicher, ungestalteter und böser Mann, eine abschlägige Antwort.

Lange brütete er deshalb Rache, ohne eine günstige Gelegenheit zur Ausführung zu finden, da seine Macht der des guten Königs weit nachstand. Als aber die Vermählung der Prinzessin mit einem liebenswürdigen jungen Prinzen, der auf den Ruf ihrer wundervollen Reize aus fernen Landen am Hofe des Königs erschienen war, herannahte, gab ihm einer seiner Dämonen folgende teuflische List ein. Er verwandelte sich nämlich, auf dessen Rat, in das Weibchen eines Adlers, horstete auf einem nahen Felsen, und legte dort zwei Eier, in deren jedem er einen der giftigsten Skorpione einschloß.
Er wußte, daß die Prinzessin eine ganz besondere Liebhaberei für Eier hatte, und man ihr daher stets von allen Sorten derselben lieferte, da man sich nicht besser bei ihr insinuieren *(einschmeicheln)* konnte. Zufällig hatte sie noch nie ein Adler-Ei

RUINEN VON DOUGGA   FOTO: KRÖNERT

gekostet, und belohnte daher den Überbringer dieser neuen Delikatesse mit dem freundlichsten Blick ihrer holden Augensterne; denn es war dieser niemand anderes als ihr Bräutigam selbst, dem der böse Zauberer die verhängnisvollen Eier in die Hände zu spielen gewußt hatte. Kaum hatte ihr der Prinz dieselben am Abend vor der angesetzten Hochzeitsfeier überreicht, als sie auch schon, mit der Begierde eines jungen, verzogenen Mädchens, die jeden ihrer Wünsche auf der Stelle befriedigen muß, sogleich ihren Genuß begehrte.
Doch sobald ihre zarten Finger die Schale nur berührten, fuhr augenblicklich der Stachel des giftigen Tieres heraus und stach so tief in das zarte Kind, daß mit dem rosigen Blute (Skorpionstiche bluten zwar gewöhnlich nicht, aber einem Märchenerzähler läßt sich nichts vorschreiben) ihr Leben zu gleicher Zeit entfloh.

Der gefühlvolle Prinz starb wenige Tage darauf aus Schmerz und Verzweiflung, der trostlose Vater aber baute diesen Tempel, ließ zum ewigen Andenken an die traurige Begebenheit den Adler darauf abbilden, den man noch jetzt hier sieht, und opferte bald nachher in seinen Mauern unter den grausamsten Martern, den verräterischen Riesen, welchen er durch die Legion Geister, die ihm zu Gebote standen, mit leichter Mühe hatte fangen lassen. „Seitdem",
schloß der Thaleb, „ist die Sitte bei uns eingeführt worden, daß kein Bräutigam seine Verlobte früher als am Tage der Vermählung selbst zu sehen bekommen darf, und keins unsrer Mädchen hat fortan ein ähnliches Schicksal zu befürchten, weil kein Skorpion mehr, auf eine halbe Stunde im Umkreise, den Häusern von Dougga zu nahen wagt".   SA 5/175

Beim Zahnziehen zehnmal mehr Erregung

Ich hatte vier (Duelle) **auf Pistole** und acht **auf Säbel**. Mir waren **Duelle**, wie alle anderen Gefahren, angenehme Aufregungen. Nicht, daß ich sie gerade gesucht hätte, aber ich habe auch keines durch Nachgiebigkeit vorher beigelegt. Zum Glück habe ich dabei in keinem Falle meinen Gegner getötet oder lebensgefährlich verletzt, und ich selber bin auch immer leidlich heil aus ihnen hervorgegangen. Und es ist mir jedesmal gelungen, von meinem Feinde **versöhnt zu scheiden**, bis auf einen Fall.

ZITIERT NACH PAUL WESENFELD: ERINNERUNGEN, GARTENLAUBE 10 UND 11/1871, GESCHRIEBEN NACH EINEM BESUCH BEIM FÜRSTEN IN BRANITZ.

Paris, den 18. September 1834

Liebe Schnucke,
Ich bin eben angekommen, und noch inkognito hier, und finde zwei Briefe bis zum 3. September von Dir vor, mit verschiedenen Vorwürfen, daß ich Dir nichts vom Duell schreibe.
Ich will Dir dies erklären.
Da ich aus verschiedenen mündlich mitzuteilenden Gründen von Hause aus (das heißt, von dem Moment an, wo ich die Nachricht der Kursselschen Proklamation erhielt) entschlossen war, daß es zum Duell kommen sollte, auf der anderen Seite aber, im Fall ich den Oberst totschösse, die größte Vorsicht anwenden mußte, um nicht als Agresseur beim Prozeß zu erscheinen, so zog sich dadurch die Sache sehr in die Länge, und ich suchte, um Dich nicht zu beunruhigen, so wenig wie möglich davon zu sprechen, und Dir die Hoffnung der friedlichen Ausgleichung zu lassen. Ich glaube, daß dies vernünftig war, und Du es jetzt billigen wirst.
Übrigens weißt du, daß ich den Oberst ganz anders gefunden (schon aus seinen Briefen aus Paris), als ich ihn erst erwartet, nämlich chevaleresk *(ritterlich)* und ein braver Mann, aber borniert. Sein Benehmen hat ihm das Leben gerettet; denn wenn ich feindlich zielte, war er bei der Geschicklichkeit, die ich jetzt durch ziemlich viel Übung erlangt, ein Kind des Todes, und was die Ruhe betrifft, so kann ich Dir mein Ehrenwort geben, daß meine Hand nie auf dem Schießplatz so fest ist, als sie beim Duell war. Ich war so vollkommen gleichgültig, als ich es nur immer sein kann, und hatte unter anderen beim Zahnausnehmen früh zehnmal mehr Agitation *(hier: Erregung)*; das lebhafteste meiner Gefühle war Mitleid mit dem Obersten und eine generöse Abneigung, ihm auf den Leib zu zielen. C'est drôle, mais c'est vrai *(das ist verwunderlich, aber es ist wahr)*. Indessen will ich nicht leugnen, daß ich in der langen Zeit vorher manchmal, aber selten, eine Anwandlung von Beklemmung fühlte; doch nie aus Furcht vor dem Duell, das ich im Gegenteil wünschte, und das mich die ganze Zeit angenehm unterhalten hat, sondern aus Furcht, man möge mein Betragen als solche interpretieren. Ich war immer so, und da ich so leicht blaß und rot werde, oft fast ohne alle Veranlassung, aber eine unbegreifliche, so bin ich deshalb nur besorgt. Beim Duell war ich, wie mir Zeugen gesagt, sehr jugendlich und rot aussehend. Sonderbar ist es, daß, obgleich ich wie Du weißt, immer viel träume, nie einen Traum gehabt habe, der auch nur im Geringsten auf etwas dem Duell Ähnliches angespielt hätte.

BT 8/277

In Pücklers fiktiver Erzählung „Die Flucht ins Gebirge", aufgenommen in dessen Buch „Tutti Frutti", wird eine **Räubergeschichte** erzählt, mit der sich wegen gewisser Ähnlichkeiten ein Oberst von Kurssel beleidigt fühlt. Pückler sucht seine Unschuld bei dieser **Verwechslung** zu beweisen - vergebens:

Kurssel beschimpft den Autor in der „Augsburger Allgemeine Zeitung" als **schändlichen Verleumder**. Ein Duell - in Preußen allerdings verboten - ist unausweichlich. Der Waffengang wird am 9. September 1834 bei Vervieres im Königreich Belgien auf Pistole ausgetragen. Kurssel verfehlt seinen Gegner, Pückler trifft den Oberst am Hals; der leicht Verwundete erklärt sich für befriedigt.

Tödliche Kugel aus Pücklers Pistole

Lucie von Pückler-Muskau (1776 - 1854), geborene von Hardenberg-Reventlow, geschiedene Reichsgräfin von Pappenheim. Pückler heiratet die 9 1/2 Jahre ältere Lucie 1817. Aus finanziellen Gründen wird im Einverständnis beider Partner die Ehe 1826 geschieden. Lucie, vom Ex-Gatten auch **Schnucke** genannt, bleibt Ratgeberin, Mitherausgeberin seiner Reisebriefe und treue Lebenspartnerin, auch wenn er - vergeblich - in Deutschland, England und Irland eine reiche Braut sucht. Das Fürstenpaar lebt abwechselnd in Berlin, Muskau, Dresden und ab 1852 meist in Branitz. Die Fürstin stirbt 78jährig in Branitz und wird auf dem alten Dorffriedhof beigesetzt, 1884 in die Grabpyramide umgebettet. Auf dem 1857 aufgestellten Marmorkreuz, seit 1884 auf dem Inselchen vor dem Tumulus, lässt Pückler die Zeile einmeißeln: **Ich gedenke Deiner in Liebe**.

Lucies Antwort

Den 20. September 1834

Liebster Lou,
ich wollte, daß ich nicht schreiben müßte, denn noch ist mein Herz so voll, ich habe auch keine Worte, aber wenn Du weißt, was Liebe, und meine Liebe ist, dann fühle meine Empfindungen nach. Und doch, Du wirst nie das Ganze meiner Schmerzen, meiner Angst ermessen, denn ich habe freilich nur standhaft geschienen, und die unsäglichste Qual hat mich verfolgt, der ich wirklich nur den Trost entgegensetzte, daß, müßte ich Dich verlieren, mein Lou, der Tod mich bald erlösen würde. Von dem Augenblicke aber, wo ich Deinen letzten Brief erhielt, wußte ich, daß das Duell stattfinden würde. Es ist der vom 1. September, wo Du mir dankst, daß ich Dich durch unnötige Klage nicht bestürmt, und Dir Herz und Geist dadurch frei erhalten. Nun denke, was ich befürchtet, und wie ein Bild, immer entsetzlicher, das letzte in meiner verwundeten Phantasie gefiebert. Den 10. erhielt ich diesen Brief! Endlich gestern. Gott, wie ich nur die Hand erblickte, Deine, Engel, das Wort Sieger gleich zuerst las! glaube mir, alle Güter der Welt wären mir nicht mehr gewesen, und eine Freude, eine himmlische Freude, aber so ernst und ergreifend durchbebte mich. Alle meine Adern schlugen, und Tränen, so rechte Tränen, die das Herz weinte, flossen herab. Mit Gott, der Dich gerettet, mein Alles, fühlte ich mich in Berührung, erhoben zu ihm mit dem heiligsten, liebevollsten Dank. Er weiß allein, was Du mir bist, wie ich mich Dir geweiht habe und seine Hand hat hier gewaltet ganz befriedigend für meine zärtlich liebendste Besorgnis. Ja, für jede, denn nach allem, was vorgefallen - gereichte es zusagend für Deiner Ehrgefühl, daß die Sache vor sich ging. Und nie hätte ich einen anderen Ausgang wünschen können. Aber, daß Du gesiegt, daß Du unversehrt geblieben, welcher Segen darin, und daß Dein Edelmut den Greis nicht tödlich zu verwunden trachtete, für dieses Aufblitzen Deines guten Herzens, das ich ganz ergründe, ganz schätze, ganz wiederfinde, Preis und Liebe Dir und dem Allmächtigen, dessen Kind Du bist, der mich werden machte, Deine hingegebene, treueste, mütterliche Freundin. BT 8/279

HARMLOSES KIND ERSCHIESST SCHLAFENDEN GREIS

In dem 1840 veröffentlichten Buch „Südöstliche Bildergalerie" hat Pückler eine im Grunde **absurde Begebenheit** aufgenommen. Das war 1836, nachdem Pückler ein zweites Mal die Insel Zante (Zakynthos), die „Blume des Morgenlandes", besuchte, die einst einen Tempel der Diana trug, von dem Pückler nichts mehr findet als die ihn umgebenden uralten Olivenbäume, und auch der Sarkophag, der die Asche des römischen Staatsmannes und Schriftstellers Cicero geborgen haben soll, ist verschwunden. Obwohl er also wenige klassische Stätten entdeckt, verbringt er längere Zeit auf der griechischen Insel wegen des folgenden Zwischenfalls.

Ich habe mich dem Leser auf einen so vertrauten Fuß gestellt, daß er alle Dinge um und an mir, wenn er sie seiner Aufmerksamkeit wert halten will, fast ebensogut kennen mag als sich selbst, und so ist es ihm denn auch bekannt, daß ich stets ein paar vortreffliche Pistolen mit mir führe, die ich schon viele Jahre besitze und die mir sehr am Herzen liegen. An dem Kasten, der sie beherbergt, wie an einer der Pistolen selbst war eine Kleinigkeit zu reparieren, weshalb ich meinem griechischen Pagen befahl, sie zu diesem Behuf zu einem Büchsenmacher zu tragen.

Pückler wählt als Motto für den dritten Band seines Buches „Südöstlicher Bildersaal. Griechische Leiden" den Goethevers:
Ich hatte nichts
und doch genug,
den Drang nach Wahrheit
und die Lust am Trug.

Dies geschah, und da die Gewehre noch geladen waren, es aber polizeiwidrig gewesen wäre, sie innerhalb der Stadt abzufeuern, so teilte Dimitri dem Meister dies mit und nahm zu größerer Sicherheit, wie er versicherte, auch noch selbst die Zündhütchen ab, ehe er den Laden verließ. Kaum ist er weg, so wird der Büchsenmacher von jemand abgerufen und folgt diesem, indem er meine Pistolen einstweilen auf den Ladentisch legt. Ein Kind von elf Jahren tritt herzu, fängt, des Meisters Abwesenheit benutzend, mit ihnen zu spielen an, und drückt dabei unwillkürlich die eine Pistole los. Es muß wahrscheinlich der großen Hitze zugeschrieben werden, daß sich auch

ohne Kapsel das Pulver entzünden konnte – wobei die Waffe eine so unglückliche Richtung nahm, daß die Kugel über die Straße hinüber einem zweiundsiebzigjährigen Manne, der am offenen Fenster auf seinem Lehnstuhl eingeschlafen war, durch den Schädel fuhr und ihn auf der Stelle tot niederstreckte. Die Zusammenstellung ist gewiß seltsam. Ein Fremder muß auf einige Tage herkommen, damit durch seine beschädigte Waffe ein harmloses Kind einen uralten Greis totschieße! Es spuken da entweder Geister, oder die blinde Naturnotwendigkeit waltet. Kurz, der alte Herr war tot, der Büchsenmacher mit dem Kinde wurden festgenommen, und meine Pistolen wanderten ins Tribunal, wo ihr beharrliches Verweilen mich zwang, statt weniger Tage mehrere Wochen in Zante zuzubringen.

Obgleich schwer zu begreifen ist,
1) warum das Gericht sich nicht mit der schuldigen Pistole allein begnügte, sondern darauf bestand, auch ihre noch geladene Gefährtin ebenfalls in Beschlag zu nehmen, wo, um folgerecht zu bleiben, auch alle anderen Gewehre im Laden, die gleich meiner Pistole nur Zeugen des Geschehens waren, hätten mitgehen müssen;
2) warum das Gericht, nachdem das einfache Faktum schon am ersten Tage ohne Verwicklung noch Leugnen der betreffenden Personen klar wie die Sonne erschien, dennoch meine verfemten Pistolen vierzehn Tage lang immer wieder von neuem examinierte, als wenn es zuletzt wirklich verbale Auskunft von ihnen erpressen zu können erwartet hätte – was nicht ganz unglaublich ist, da der oberste Richter mich bei einem Supplikationsbesuch *(Anstandsbesuch)*, den ich ihm machte, vertraulich aufs Gewissen frug, ob eine Pistole sich wohl von selbst loszuschießen fähig sei? –

Ich konnte nur erwidern: „Ebensowenig, soviel ich weiß, als Eure gestrenge schöne Frau oder elegante Kammerjungfer (beide war ich so glücklich gewesen, beim ersten der erwähnten Supplikationsbesuche von Angesicht zu schauen) gesegneten Leibes zu werden imstande sind, ohne Euer Gestrengen oder anderer Leute gefälliges Zutun." – Obgleich also, sagte ich, die tiefliegenden Motive des hochweisen Gerichts für seine Handlungsweise schwer zu begreifen waren, so stand doch soviel leider fest, daß alle meine dringendsten Sollizitationen *(Gesuche)* vergeblich blieben und ich weder beide noch eine meiner teuren Reisegefährtinnen wieder zu erhalten vermochte, noch selbst in der Zukunft irgendeine bestimmte Aussicht dazu gewahr wurde.

WOHER HABEN DIESE MÄDCHEN DIESE ZARTEN HÄNDE, DEN SCHÖNEN BUSEN?

Noch mehr bestärkte mich in dieser Besorgnis ein Advokat, der mir erzählte, daß einst von der ungezogenen Gassenjugend hier ein Kirchenfenster eingeworfen worden sei, worauf der Richter das corpus delicti zu sehen verlangte, demnach das Fenster ausheben und auf das Gericht bringen ließ, wo dasselbe mehrere Jahre verweilte, und als man es endlich wieder restituierte *(einsetzte)*, nur noch der Küster sich einer dunklen Erinnerung des Vorgangs bewußt war, indem er schon in der ersten Woche nach Abholung des alten Fensters ein neues hatte einsetzen lassen. Dies schien mir ein bedenklicher Wink, mich jedenfalls nach neuen Pistolen umzusehen, doch beschloß ich, vorher noch mein Heil beim Gouverneur zu versuchen. Durch dessen kräftige Verwendung, verbunden mit dem gütigen Eifer seines

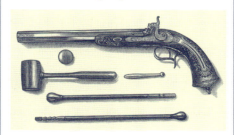

KUCHENREUTER-PISTOLE, WIE SIE PÜCKLER BESASS

Sekretärs, des genannten Grafen Mercati, gelang denn auch zuletzt nicht ohne viel Mühe meine und meiner Waffen definitive Erlösung, nachdem wir gemeinschaftlich schon lange der Gegenstand allgemeinen Interesses in Zante geworden waren und die ganz Stadt sich lebhaft die große Frage geteilt hatte, die in der Regel bei jedem Roman wie auch Theaterstück die wichtigste ist: „Kriegt er sie oder kriegt er sie nicht?" -

Gottlob, ich kriegte sie!   SB 3/426

Machbuba - Kopie einer Venus

AUF DEM SKLAVENMARKT (ANONYM, UM 1850)

Im Jahre 1837 kauft Pückler auf einem **Sklavenmarkt** in Kahira (Kairo) ein etwa 12-jähriges Mädchen, das der Sklavenhändler **Ajiamé** nennt (in Branitz wird später eins von Pücklers Pferden diesen Namen tragen). In seinem in Branitz verfaßten Buch „Die Rückkehr" schreibt er, dass ihm „die abessinische Prinzessin" erst in Jerusalem ihren wahren Namen offenbarte: **Machbuba**, was soviel wie golden bedeute.

Ajiamé haben sie die Sklavenhändler gerufen (DR 2/150). Demgegenüber nennt er 1838 (AB 2/120) das älteste seiner Mädchen Machbuba („mein eigentlicher Kammerdiener"), das jüngere, ganze zehn Jahre alt, aber Ajiamé, das er verschenken wolle (Näheres in edition branitz 4, Gottfried M. Hamernik: Das Rätsel Ajiamé). Pückler schreibt später, dass er das Mädchen **zu seinem Vergnügen kaufte**, „um die Langeweile einer so weiten Wasserreise (auf dem Nil) etwas weniger monoton zu machen". Machbuba ist **unterwürfige Sklavin** und **launisches Wesen**; aus dem begeisterten Fürsten wird ein strafender Pascha und wieder ein dankbarer Patient, den die heilkundige Machbuba von schwerer Krankheit kuriert. Pückler reist und reitet mit ihr durch Ägypten, Syrien, Kleinasien und im Kaiserreich Österreich-Ungarn. Das von den Strapazen überforderte **Mitbringsel** Machbuba wird zur Zerreißprobe der Beziehungen zwischen dem Fürsten und seiner Muskauer Schloßherrin Lucie. Pückler setzt sich durch und zieht mit seiner orientalischen Karawane in Muskau ein. Nach kaum siebenwöchigem Aufenthalt stirbt Machbuba am 27.Oktober 1840 und wird in Abwesenheit beider Pücklers auf dem alten Friedhof an der Jakobskirche beigesetzt, wo noch heute ihr Grab zu finden ist.

Den Charakter dieses originellen Mädchens zu studieren, an der die Zivilisation noch nichts hatte verderben noch verbessern können, war im Verfolg der Reise eine unerschöpfliche Quelle von Vergnügen für mich, und es tat diesem Studium durchaus keinen Abbruch, daß der Gegenstand desselben zugleich an Schönheit der Formen die treueste Kopie einer Venus von Tizian war, nur in schwarzer Manier. Als ich sie kaufte und aus Furcht, daß mir ein anderer zuvorkommen möchte, ohne Handel den geforderten Preis sogleich auszahlen ließ, trug sie noch das Kostüm ihres Vaterlandes, d. h. nichts als einen Gürtel aus schmalen Lederriemen mit kleinen Muscheln verziert. Doch hatte der Sklavenhändler ein großes

MACHBUBAS GRAB AUF DEM ALTEN FRIEDHOF VON BAD MUSKAU
FOTO: ERICH SCHUTT

Musselintuch über sie geworfen, daß aber von den Kauflustigen abgenommen wurde und daher der genauesten Beurteilung kein Hindernis in den Weg legte. Wir waren vier oder fünf „junge Leute" ... und staunten alle über das makellose Ebenmaß des Wuchses dieser Wilden, mit dem sie ein chiffoniertes Charaktergesicht verband, wie ich es grade liebe, ohne daß dies übrigens auf große Regelmäßigkeit hätte Anspruch machen können.
Aber ihr Körper! Woher in des Himmels Namen haben diese Mädchen, die barfuß gehen und nie Handschuhe tragen, diese zarten, gleich einem Bildhauermodell geformten Hände und Füße; sie, denen nie ein Schnürleib nahe kam, den schönsten und festesten Busen; solche Perlenzähne ohne Bürste noch Zahnpulver, und obgleich meistens nackt den brennenden Sonnenstrahlen ausgesetzt, doch eine Haut von Atlas, der keine europäische gleichkommt und deren dunkle Kupferfarbe, gleich einem reinen Spiegel, auch nicht durch das kleinste Fleckchen verunstaltet wird? Man kann darauf nur antworten, daß die Natur Toilettengeheimnisse und Schönheitsmittel besitzen muß, denen die Kunst nie gleichzukommen imstande ist.   Ali 244

Trotz meiner väterlichen Autorität stand ich doch ziemlich unter ihrem Pantoffel. In allen Ländern der Erde endet es immer damit: Ce que femme veut, Dieu le veut *(Was die Frau will, ist Gottes Wille)*.

DR 1/92

Mehrfach hat sich Pückler in seinen Werken zu **erotisch-pornographischen Themen** und Erlebnissen geäußert. Um ihre Lesbarkeit vor allem für die Damenwelt zu erschweren, wohl auch für die Zensur, hat er manche dieser Passagen im Druck auf den Kopf stellen lassen, delikatere in nur Wenigen verständlichem Neugriechisch wiedergegeben. Die nebenstehenden Textstellen sind dem Buch **„Aus Mehemed Alis Reich"** entnommen.

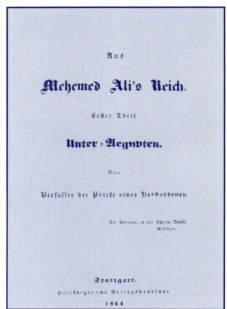

Konfitüre im Nachttopf...

Als ich... Clot Bey meine Abschiedsvisite machte, war ich Zeuge einer lächerlichen Szene, indem man ihm aus einem Harem, als Präsent für eine vollzogene Kur, auserlesene Konfitüren in einem schön bemalten Pariser - Nachttopfe schickte.

Bei dieser Gelegenheit erzählte er mir, daß es in den Harems der Türken weit dezenter und nach weit geregelterer Sitte zuginge, als man bei uns glaube. Gewöhnlich stelle man sich in Europa ein solches Gynäceum *(hier: Wohn-, Gruppenraum für Frauen)* nicht viel anders als eine Sammlung legitimer Freudenmädchen vor. Dies sei aber keineswegs der Fall, selbst nicht unter den bloßen Sklavinnen, die als bloße Beischläferinnen dienen.
Seltsam ist es, daß die Ehefrauen, welche äußerst eifersüchtig unter sich sind, diesem Gefühl ganz und gar nicht gegen Sklavinnen Raum geben, und im Gegenteil das häufigste und angenehmste Geschenk, welches sie bei festlichen Gelegenheiten ihren Eheherren zu machen wissen, in einer schönen Sklavin besteht.

DR 1/224

...wie eine Frau gekleidet

Am Abend ehe ich Ouad-Medina verließ, erschien im Audienzsaale des Kachef's, zu welchem jeder Zutritt hat, ein junger Mann, der völlig wie eine Frau, und in noch übertriebnerem Schmuck gekleidet war; auch in allen Manieren dem weiblichen Geschlecht mit einem Anflug von Karikatur nachzuahmen suchte. Ich erkundigte mich bei dem neben mir sitzenden Arzte des Kachef's, was diese Verkleidung bedeute? „O", erwiderte dieser mit einer ausdrucksvollen Pantomime, „das hier ist die beliebteste Soldatenhure in Ouad-Medina, die man alle Nächte in der Nähe der Kaserne antreffen kann." Der nämliche junge Mann, der zugleich den öffentlichen Possenreißer zu spielen schien, sagte nachher zum Kachef selbst, als dieser ihm einige Neckereien adressierte, die auf sein Handwerk Bezug hatten: „O, laßt mich in Frieden und gebt mir lieber einen Backschisch, denn wenn Ihr es nicht tut, und ich mit leeren Händen nach Hause komme, so wird mein Kind schreien, das Ihr mir im vorigen Jahr gemacht habt." Alle Welt schien diese spaßhafte Antwort sehr ergötzlich zu finden.
Ein andresmal sah ich, von einem weiten Männerkreise, auch meistens Soldaten, umgeben, ein Mädchen den gewöhnlichen lasziven Tanz des Orients ausführen, aber in einem remarkablen Kostüme. Denn sie war völlig nackt, und hatte nur eine lange Schnur von bunten Glasperlen um den Hals, an der ein monströser, schwarzgefärbter Priap *(nach dem griechischen Gott der Fruchtbarkeit benanntes künstliches männliches Glied)* tief herabhing, der unter dem wildesten Applaus und Gelächter der Umstehenden bei allen obszönen Bewegungen ihres Körpers mit agierte. Dem Gouvernement Mehemed Ali's ist hierüber durchaus kein Vorwurf zu machen, denn alle diese krassen Unsittlichkeiten sind, besonders beim Militär, durch die Gesetze sehr streng verpönt, aber so weit ins Land hinein reichen diese Gesetze kaum mehr, und auch in unmittelbarer Nähe bleiben sie großenteils unwirksam, da diese uralten Gewohnheiten oft, je schlechter sie sind, desto schwerer ausgerottet werden.

Ali 824

...unnennbare Dinge ausführen

Die Verzierungen einer dieser Straßen *(in den Basaren)*, worin auch das Theater der Karagus-Pantomime sich befand, bleiben jedoch vollkommen unbeschreibbar, indem alles, was man sich Obszönes denken kann, dort in beweglichen, über den Buden hängenden Figuren *au plus épouvantable naturel (höchst entsetzlich realistisch)* dargestellt war. Obgleich jeder Gebildete sich mit Ekel von diesen *horreurs (grauenvolle Darstellungen)* abwenden mußte, war es doch fast unmöglich, nicht über einen Hampelmann zu lachen, der in einer europäischen Konsularuniform mit Sternen und Kreuzen bedeckt, den Degen an der Seite, unnennbare Dinge ausführen und erleiden mußte, während mehrere an Armen und Beinen angebrachte Klingeln seine Evolutionen jedesmal noch mit einem obligaten Glockenspiel begleiteten. Auf der entgegengesetzten Seite der Straße befand sich eine europäische Dame, der es nicht besser erging.

DR 1/215

Briefwechsel 4

Pückler - auch das eine Marotte von ihm - hatte seiner **Machbuba** nicht Deutsch oder Französisch, sondern **Italienisch** beigebracht. Die hier zitierten (und von Ludmilla Assing übersetzten) Briefe in italienischer Sprache stammen aus der Zeit des Aufenthalts in Wien Anfang 1840 - Machbuba war für 9 Monate in einem Wiener Mädchenpensionat untergebracht-, der letzte aus Berlin ging an Machbuba in Muskau.

Abu und Machbuba

Machbuba. Ölgemälde eines unbekannten Künstlers, um 1840, Fürst-Pückler-Museum Schloss Branitz

Pückler an Machbuba

Ich hoffe, daß Du Dich in etwas besserer Gesundheit fühlst, und auch im Herzen ein wenig zufriedener. Ich liebe Dich sehr, wie Du wohl weißt, und ich wünsche, daß Dir die Zeit auf eine angenehme Art vergehe, daß Du dich unterhältst und daß Du auch etwas lernst.
Ich werde sehen, ob Du bald auf diesen Brief antworten kannst, aber Du mußt selbst schreiben. Von einem anderen diktiert, ist es mir weniger angenehm. Adieu, und das Gott dich erhalte, meine kleine Braune.
Dein guter Sidi,
der Pascha von Muskau.

BT 7/2

Machbuba an Pückler

Mein teurer Sidi,
ich habe immer an Dich gedacht, Tag und Nacht; ich hoffe Dich bald wiederzusehen, und daß Deine Gesundheit besser ist. Ich danke Dir tausendmal für das Billet. Ich versichere Dich, daß meine Freude darüber so groß war, daß ich nicht schlafen konnte. Du weißt, daß ich nicht schreiben kann. Adieu, mein Lieber, ich bin immer dieselbe. Machbuba.

BT 7/3

Pückler an Machbuba

Meine liebste Machbuba,
Dein Briefchen hat mir soviel Freude gemacht, daß ich aus Zärtlichkeit für dich weinte. Hier schicke ich Dir alle die Dinge, die du verlangt hast und gute Schokolade; ich würde selbst gekommen sein, wenn die Fürstin nicht an einem Fieber erkrankt wäre, das sie zu Bette hält.
Es tut mir sehr leid, daß auch Deine Gesundheit noch nicht viel besser ist, aber Du mußt Geduld haben, Du Arme. Was können wir machen gegen den Willen Gottes! Ein jeder muß sich unterwerfen, und Du hast gesehen, wie ich zweimal dem Tode nahe war, und immer hat mich Gott gerettet. Also kann er auch Dir die Gesundheit wiedergeben, wenn er will, und ich bitte ihn von ganzem Herzen, daß er es bald tue. Wenn ich höre, daß Du leidest, tut es mir mehr wehe, als wenn ich selbst litte, denn Du weißt, daß ich Dich wahrhaft liebe, und daß ich immer derselbe sein werde für meine sehr geliebte Freundin...
Adieu, meine kleine Gute, ich küsse Dich wie ein Vater, eine Mutter, ein Bruder und eine Schwester, und möge der liebe Gott Dich erhalten für Deinen guten Abu.
In acht Tagen hoffe ich in Muskau zu sein und Machbuba einen Kuß zu geben.

BT 7/7

DER HIMMEL SCHUF DIESES WESEN AUS GANZ BESONDEREM STOFF

Die göttliche Jette

Henriette Sontag (1806 - 1854), geboren in Koblenz als Gertrude Walpurgis Sontag, beigesetzt im Kloster Marienthal bei Ostritz, **gefeierte Sängerin** des 19. Jahrhunderts. Die Schauspielerkollegin Karoline Bauer schreibt 1872 in ihren Memoiren: „Wieviele Millionen Male der Name der göttlichen Henriette in jenen Tagen von Berliner Lippen gehaucht - gejubelt - gerast und gestöhnt ist? ‚Henriette' war die stehende Losung, und ‚Sontag' das Feldgeschrei." Pückler lernt die Sängerin bei einer Opernaufführung in Berlin kennen, doch erst in England 1828 macht der Fürst der Künstlerin den Hof - und einen Heiratsantrag, der abgewiesen wird: Henriette ist bereits verlobt. Sie stirbt während einer Konzertreise durch Mexiko an der Cholera. Pückler bestellt beim Bildhauer Ludwig Wichmann eine Büste der gefeierten Sängerin, genannt die **göttliche Jette**. Sie steht heute unweit des Branitzer Schlosses im Pavillon, genannt Kiosk.

HENRIETTE SONTAG, KREIDEZEICHNUNG VON FRANZ KRÜGER, UM 1825

PÜCKLER AN LUCIE

Berlin, 20.12. 1825
...es ist nicht zu leugnen, daß die Fertigkeit der Mamsell Sontag nichts zu wünschen übrig läßt. Meines Erachtens aber singt sie ohne Seele wie ein Flageolett und ist keineswegs eine Sängerin ersten Ranges von großem Genre.

BT /273

PÜCKLER AN LUCIE

London, 3.5. 1828
Wahr ist es, der Himmel schuf dieses Wesen aus ganz besonderem Stoff! Welche Mannigfaltigkeit und welche Grazie in jeder wechselnden Nuance! Scheu oder zutraulich, böse oder gut gestimmt, boudierend *(schmollend)*, hingebend, gleichgültig, sanft, spottend, gemessen oder wild - immer ergreift sie, wie Schiller sagt, die Seele mit Himmelsgewalt! Und welche Selbstbeherrschung bei der höchsten Milde, welch festes kleines Köpfchen, wenn sie will, wieviel Herzensgüte und dabei doch wieviel kecke Schlauheit!
Sie ist geschaffen, den Männern zu gefallen, und auch alle Weiber lieben sie. Gewiß eine glückliche, eine eigentümliche Natur.

BV 2/618

ZEICHNUNG AUS „TUTU" VON ALEXANDER VON STERNBERG

PÜCKLER AN LUCIE

London, 9.6.1828
Über die schöne Henriette, siehst Du, daß Du ganz falsch geurteilt hast - ich mag nicht viel darüber sagen, denn die Wunde schmerzt noch zu tief, aber wenn ich unter dem ganzen weiblichen Geschlecht zu wählen hätte, so würde ich sie zur Frau wählen - aber sie selbst hat, ehe ich meine Gesinnungen darüber nur auszusprechen Gelegenheit hatte, mir die Unmöglichkeit von ihrer Seite mit unerschütterlicher Festigkeit erklärt, und unser reißend fortschreitendes Verhältnis mit einer Charakterstärke und einem Edelmut abgebrochen, die mich in Erstaunen gesetzt und zur Nachahmung gestärkt hat. Ich selbst hätte unter den obwaltenden Umständen nicht anders handeln können...Denn **nie**, nie habe ich das empfunden, was dieses Mädchen mir eingeflößt, die gerade alles besitzt, was mir fehlt, und daher so vervollständigend auf mich wirken mußte.

BT 6/417

Die Eltern und ich legen sich seiner Durchlaucht zu Füssen

Biondetta schreibt an ihren Pascha

Zehn Jahre lang pflegt Pückler einen lebhaften Briefwechsel mit der Berlinerin Ada von Treskow (1840-1918), Tochter eines preußischen Diplomaten, Schriftstellers und Übersetzers und der Generalswitwe von Zielinski. Ada ist 20, als der Briefwechsel zwischen Branitz und Berlin beginnt, Pückler 75 alt; **Ada** nennt Pückler treffend „Anakreon der Lausitz", nach jenem griechischen Lyriker, der den Genuss des Augenblicks bei Wein, Freundschaft und Liebe besang. Pückler verwendet in seiner Anrede an Ada den Kosenamen **Biondetta, das Blondinchen**, auch dann noch, als sie ihn darauf hinweist, daß sie eine Brünette, also besser Brunetta, sei. Wiederholter Einladung nach Branitz leistet die Schriftstellerin, deren Novellen mit dem Pseudonym Günther von Freiberg gezeichnet sind, niemals Folge. Auch ein geplantes Wiedersehen in Italien, wo die verheiratete Ada von Pinelli später lebt, kommt nicht zustande.

Ada von Treskow an Pückler

Berlin, 24. Oktober 1864
Bernburger Straße 15/16

Allerdurchlauchtigster, allergnädigster Pascha und Herr!
Da sitz' ich nun seit drei bis vier Wochen im alten Neste, bin aber noch nicht ein einziges Mal zum Aufatmen gekommen, weil Günther arbeitet wie ein Studiosus, der sein Examen machen will. Denn Rock ist weg, Stock ist weg, alles ist weg - schließlich muß ich mich bemühen, schnöden Mammon zu erwerben. Dazu kam ein Anerbieten der Fleischmannschen Buchhandlung in München, der meine eparpillierten *(verstreuten)* Novellen in einer Gesamtausgabe verlegen will, und so sah ich mich gezwungen, drei Bändchen zusammenzustellen, zu korrigieren, zu flicken und leimen, bis der ganze Kram endlich per poste nach seinem Bestimmungsorte flog, und ich die blue stockings pardessus les moulins *(wörtlich: blaue Strümpfe über die Mühle, sinngemäß: meine Schriftstellerei beendete)* schleuderte. - Darüber färbten sich die Blätter goldgelb, erfroren die letzten Blumen, verlobte sich Mimi Buch mit Schleinitz, bekam Berthold Auerbach (der Hoftiroler) den russischen Annen-Orden, gingen und kamen die Tage, so daß ich heut erst dem genialsten und herrlichsten aller Beichtväter die schöne Hand küsse und mich als devotester Page seiner ferneren Nachsicht empfehle! - Ist es ein Glück oder ein Mißgeschick, daß die Zeit so gespenstisch rasch verfließt? -
Hoffentlich traf mein letzter Brief aus Reichenhall, wo die Leute so engelsgut und eselsdumm sind, daß man beides mit wird, glücklich im Branitzer Paradiese ein? Daß es meinem glühend verehrten Anakreon der Lausitz gut geht, erfuhr ich neulich mit herzinnigster Freude von der Frau von Nimptsch, die itzo mit der Braut in Berlin ist, erstlich um den Bräutigam zu sehen (denn Franziska Loë ist zum Besuch von Paris aus in Trachenberg!!!), zweitens um die Ausstattung zu besorgen. Beide sind „ganz hingerissen" von der reizenden Beglückwünschung, die der unsterbliche „Verstorbene" der Verlobten „ce printemps en dentelles" *(dieser Frühling in Spitzen charakterisierte sie ein französischer Feuilletonist)* gesendet hatte. Je crois bien! *(Ich halte das für gut)*. Wer schriebe himmlischere Briefe als l'illustrissimo *(der berühmteste)* Semilasso?
Sterne, Mme. de Sevigné, Diderot sind nur Lumpen dagegen; sie schreiben alle nicht mit herzstärkender, meisterhafter Natürlichkeit, jenem feinen Humor und der Frühlingsfrische, die aus Ihren Zeilen weht.
In München verehrt man Sie enthusiastisch - wo täte man es nicht!? - in der liebenswürdigen Familie des jovialen Dichters Bodenstedt, der den lieben Mirza-Schaffy so trefflich ins Deutsche übertrug. Sie sagten mir einmal, der geistvolle Perser gehöre zu Ihren Lieblingssängern.

In das schwarze Meer
Deiner Augen rauscht
Der reißende Strom meiner Liebe -
Komm, Mädchen, es dunkelt
und niemand lauscht,
Oh, wenn es doch immer so bliebe !

Dies Lied ist von Antoine Rubinstein (aus Kasan gebürtig) wonnevoll schön komponiert. Sonst erschien mir die capitale an der Isar ziemlich nüchtern, zugig, öde, menschenleer. Selbst ihre Kunstschätze, die mir im zwölften Jahr so imponierten, kamen mir dürftig vor im Vergleich mit Italiens Herrlichkeiten. Nur Pilotys' Gemälde „Seni vor der Leiche Wallensteins" begeisterte mich; ich stand stundenlang in der neuen Pinakothek, und mir lachte das Herz im Leibe über **diese** Technik, diese Noblesse der Farbengebung! Auch Riedels „Judith" ist ein schönes Weib, aus Licht und Glut geformt, doch mehr Odaliske als eine von Jehova berufene Heldin.

Qu'en dites Vous? *(Was meinen Sie?)* Ludwig, der alte, der „angestammte" König, hat aus Anstandsgefühl Canovas liebliche, lilienschlanke Venus aus der Glyptothek entfernen lassen!!
Aproposito: dieser Venus - genre empire, à la Récamier, Pauline Borghese usw. - gleicht die schöne, delphinäugige Helene von Dönniges, um welche Lassalle gestorben ist. Schade um den Schatz reicher Begabung und Intelligenz, der mit ihm zu Grabe ging. Ludmilla Assing ist gleich nach seiner Agonie in Genf gesehen worden. Durchlaucht werden sich vielleicht entsinnen, daß Ludmilla mit wahrer Anbetung an Lassalle hing! Sie soll in Begleitung eines bildschönen Italieners am clear, placid Lemansee erschienen sein; als Trauerkostüm habe sie einen feuerroten, mit spanischen Troddeln besetzten Cotillon cèlèbre getragen, ein schwarzsamtnes Zuavenjäckchen und ein kokettes Hütchen, mit den Federn eines „antidiluvianischen" Vogels. Die Dönniges, die echte Satanella, wie sie aus dem Kamin springt - , hatte wohl die Ehre, in Berlin von Dero Prophetenaugen bemerkt zu werden? Wo nicht, bin ich so frei, Ihnen die Photographie zu schicken, falls es Sie interessiert.
Ein anderes Bild aber sende ich jedenfalls in Zukunft: das Porträt eines bildhübschen Jünglings, dem nichts weiter fehlt als - das rechte Bein. Es ist wiederum **Donato**, mit dem ich beim weisen Beichtvater schon einmal abgeblitzt bin. Aber ich habe eine kleine verrückte Novellette geschrieben, worin er der Held ist; als Illustration dazu erscheint im selben Journal ein famoser Pariser Holzschnitt: Juliano Donatos Manteltanz. - Sonst haßt die schönheitstrunkene Biondetta alle Krüppel, auch könnte sie sich in den Einbeinigen nie verlieben, dennoch ist er liebenswürdig, eine männliche Pepita; mit zwei Beinen wäre er der erste Tänzer der Welt! Gewiß würde ich Sie bekehren, schauten Sie aus der Fremdenloggia bei Kroll diesem Schlangenkönig des Firdusi, diesem Dämon zu. Meine allerdings quatsche Feder schrieb gestern folgendes über dies Unikum: „Heine spricht von den Visionen, die während Paganinis Geigenspiel vor ihm aufgestiegen sind: Gestalten, halb Mensch, halb Arabeske, fabelhafte Schemen, tolle Märchengebilde. Solch einer phantastischen Erscheinung gleicht Donato, wenn der granatrote, weißgefütterte Mantel ihn spiralförmig umflattert, und eine dreifache Blume bildet, aus der nun der dunkle Lockenkopf mit den feuerwerfenden Augen herausblüht wie die Menschengesichter aus Grandvilles „fleurs d'animées". Nach solchem Unsinn ist es Zeit, daß ich ende. Die Eltern legen sich Sr. Durchlaucht zu Füßen! Desgleichen die in steter Vergötterung verharrende
Biondetta.   Ada 159

Pückler an Ada

Branitz, den 26ten Oktober 1864
Meine holde Freundin!
Du hast, feurigste Gnomin, in Deiner schriftstellerischen Berserkerwut ohne Zweifel vergessen, daß Du Deinem Herrensklaven befohlen, Dir einen Brief poste restante nach Magdeburg zu schicken. Oh, mein verehrtes Fräulein, dieses kränkt mich tief! Denn da Sie mich fragen: ob ich Ihr letztes Schreiben erhalten habe (worauf mein poste restante *(postlagernd)* eben die Antwort war), so können Sie diese unmöglich besitzen. Was ich geschrieben, weiß ich leider nicht mehr, daher rate ich jedenfalls, den Brief in Magdeburg zu reklamieren, denn Sie wissen, daß alle poste restante-Schreiben nach drei Monaten verbrannt und wahrscheinlich vorher zur Rekreation der jungen Postbeamten gelesen werden.
Ich hatte eine Ahnung davon und war daher doppelt betrübt über Ihr langes Stillschweigen nach einer so viel längeren Trennung, schob es aber auf Ihre neueste Liebe. -
Eigentlich war ich halb böse auf meinen Darling, aber nachher ergötzte ich mich wieder so sehr an Ihren satirischen Schmeicheleien, worin Sie ein unübertreffliches Muster sind. Ich kann meine Empfindung dabei mit nichts Besserem vergleichen, als mit einer Art geistig wollüstigem Kitzel, der durch die Übertreibung zugleich wohl und wehe tut, wie eine süße Malice *(Bosheit)* aus schwellenden Purpurlippen mit unschuldig lächelnden Augen. Aber der ‚Anakreon der Lausitz' war doch zubeißend, mutwilliger Page! und die ‚Frühlingsfrische, die aus meinen Zeilen weht', empfing ich seufzend, wie ein krankes Kind einen scharfen Luftzug. Ich dachte mir dabei, wie trefflich die zum Gefallen so prächtig erzogene hübsche Braut mit der Benennung ce printemps en dentelles *(dieser Frühling in Spitzen)* charakterisiert ist - und wie ein boshafter Kritiker mich ebenso treu mit den Worten bezeichnen könnte: ce printemps en lambeaux *(dieser Frühling in Fetzen)*. In einer Woche trete ich in mein achtzigstes Jahr und fühle mich noch immer jung! C'est honteux vraiment *(das ist wahrhaft schändlich)* - nicht wahr, kleiner Teufel, c'est bien ton idée *(das ist Deine Vorstellung)*...
Auch ich schwärmte schon vor mehreren Jahren für Pilotis Seni an der Leiche Wallensteins, als das Bild noch nicht ganz fertig war und des Malers Ruf noch erst im Aufblühen. Der Tod des armen **Lassalle**, den ich sehr gern hatte, ohne mit seiner Gesinnung zu harmonieren, weil er ein so höchst begabter Mensch war (und den, beiläufig, ein geschickteres Gouvernement für sich hätte gewinnen können), hat mich mit wahrhaftem Bedauern erfüllt. Schade um diesen Geist und dieses Wissen. Leidenschaft und Eitelkeit haben ihn auf falsche Wege und als Intermezzo in den Tod geführt.
Aber die Dönniges interessiert mich doch. Ich sah sie nie vorher, kannte aber ihren Großvater, der sehr häßlich und ein heuchlerischer Schuft war. Wissen Sie etwas Näheres über diese ganze Geschichte, so bitte ich um gütige Mitteilung aller Details. Die Dönniges muß etwas Dämonisch-Magnetisches haben, was mich immer am meisten anzog und im Alter Lassalles wäre ich wahrscheinlich den selben Weg bei ihr gegangen, nur mit dem Unterschied, daß ich viel besser schoß und in Duellen erfahrener war als der schwärmerische Gelehrte.
(Zum Schluß kündigt Pückler Ada ein selbsterlegtes Fasanenpaar an mit dem Rat, es ‚mit französischem fumet *(Duft)* braten' zu lassen.) Sie sollen dieselben als Andenken von Branitz verzehren und meiner dabei gedenken...
Bis zuletzt Ihr treuer Pascha.
                              Ada 162

Briefwechsel zwischen Ida von Hahn-Hahn und Pückler

... hätte ich gern Ihre Hände geküßt

Ida Gräfin von Hahn-Hahn. Zeichnung von Vogel von Vogelstein, 1815

Ida Gräfin von Hahn-Hahn (1805 - 1880), Schriftstellerin; trägt ihren Doppelnamen nach Heirat mit ihrem Vetter Friedrich von Hahn-Basedow. Sie schreibt Reiseschilderungen und mehrere Romane wie „Faustine", „Cecil", „Sibylle", allesamt „mit exklusiv aristokratischer Tendenz", wie das Brockhaus-Lexikon von 1906 meint. Sie stirbt als Stiftsdame im Kloster Mainz. Ludmilla Assing, die Herausgeberin der Briefe und Tagebücher des Fürsten, spricht im Zusammenhang mit dem im September 1844 beginnenden Briefwechsel von den „klaren, geistvollen Briefen der Gräfin" und den „aus der Tiefe der Seele entströmenden Mitteilungen Pücklers". Obwohl Pückler die Gräfin eindringlich nach Muskau einlädt - sie kommt nicht.

Pückler an Gräfin Hahn

Warmbrunn, den 10. September 1844
Gräfin Hahn.
Ich hatte zwei Ihrer früheren Werke gelesen - und sie gefielen mir nicht, denn obgleich geistreich, glaubte ich Affektation und Manier, gesuchte Originalität darin zu finden, mit einem Worte Unnatur, die ich hasse, besonders bei Frauen. Hierauf lernte ich Sie auch persönlich flüchtig kennen; da ich aber mit Vorurteil Ihnen entgegentrat, blieb der Eindruck, den Sie auf mich machten, unbedeutend, wenn auch günstiger als der Ihrer Schriften, denn ich fand Sie viel einfacher, als ich Sie mir vorgestellt, und fühlte überdies eine rege Teilnahme wegen Ihre traurigen Begebenheit mit Dieffenbach, wobei ich Ihrem so würdevollen Benehmen die vollste Gerechtigkeit widerfahren ließ.

Alles dies war durch die Zeit ziemlich verwischt, als mir gestern Abend ihr Roman ‚Sigismund Forster' zufällig in die Hände fiel. Ich ergriff das Buch ohne Interesse, mehr um es nur zu durchblättern, als es zu lesen, aber bald, auf seltene Weise angezogen, änderte sich alles in meiner Meinung über Sie, und als ich die letzte Seite Ihres Buches schon bei hellem Tagesschein beendet, denn es gibt leider keine Fensterladen in meinem elenden Gasthof, hätte ich gern Ihre Hände geküßt, und vielleicht wäre dann eine dankbare Träne nicht bloß der Rührung, sondern der innigsten, wohltuendsten Befriedigung darauf gefallen, weil es einen fühlenden Menschen wohl immer tief bewegen muß, Geist, Herz und Talent zu einem so schönen Kunstwerk ausgeprägt zu sehen, einer Produktion, die ich in dieser Dichtungsart zu dem Klassischsten, in sich Vollendetsten zähle, was seit langer Zeit in Deutschland erschienen ist.

Nur George Sand in Frankreich ist Ihre Rivalin, unter unseren weiblichen Schriftstellern weiß ich keine zu nennen.
Der Ausdruck eines so kindlichen Enthusiasmus mag Ihnen vielleicht sehr gleichgültig sein, ja er mag vor der Welt sogar seine lächerliche Seite haben, aber es gibt Dinge, die einem weh tun, wenn man sie nicht aussprechen darf, und da ich Ihnen unwissend so großes Unrecht getan, wenn auch nur in meinem Innern, mußte ich Sie deshalb um Verzeihung bitten.
Und nun mögen Sie mich gern wieder vergessen, obwohl es doch in diesen oder jenem Augenblick als eine freundliche Erinnerung in Ihnen auftauchen wird, daß Sie durch eine Schöpfung Ihres Geistes einen aufrichtigen Menschen beglückt haben, der, wenn er Sie zu würdigen fähig war, dabei wahrlich nicht der banalen Menge nachbetet, und überdies an ein Talent wie das Ihrige weit höhere Forderungen stellt als jene.
Also ganz, sage ich, wird der Eindruck dieses Briefes nicht bei Ihnen verlöschen, „denn begraben können wir viel, aber töten nichts".
Auf das Begrabenwerden in Ihrem Andenken bin ich jedoch vollkommen gefaßt.
Ihr neuer, aber deshalb nur desto eifriger Verehrer
H. Pückler.   BT 1/275

Gräfin Ida Hahn-Hahn an Pückler

Neuhaus, den 21. September 1844.
Ihr Brief
hat mich sehr amüsiert, sehr gefreut. Erst der Ausdruck eines vollkommen unmotivierten Widerwillens, und hernach einer ehrlichen und freundlichen Anerkennung: das ist so recht natürlich und hübsch, wie es mir bei den Menschen gefällt. Grämen kann ich mich nun einmal nicht, wenn die Leute meine Schriften nicht mögen. Das ist **ihre** Sache. **Meine** Sache ist - sie zu schreiben. Wo das Echo nicht wohnt, kann man die schönste Musik machen, und es erfolgt kein Widerhall. Grämt Sie das? - mich nicht! -
Trifft man auf ein Echo, so lautet das freilich lieblich, und die Musik, die man selbst gemacht und gar so schön nicht gefunden hat, kommt einem melodisch und bedeutungsvoll vor, wenn sie uns als Widerhall entgegenklingt. Ach, es ist doch ein wundervolles Glück, schreiben zu können! Was da für elektrische Funken, für erfrischende Lüfte, für goldene Fädchen durch den Raum fliegen, und eine Geisterbrücke bilden, vermittels welcher bekannt und unbekannt, fern und nah, fremd und befreundet miteinander verschmelzen. Wie fühlt man sich dann so recht im Gleichgewicht des eigenen Seins, und im Mittelpunkt des All-Seins, befähigt, den freien Geist walten zu lassen in der Macht, die man übt, und in der Anregung, die man empfängt. Welch eine Befriedigung liegt in der Gemeinschaft des Verständnisses, das nach Wahrheit ringt und zur Schönheit strebt. Nein, Fürst, ich finde Ihren Enthusiasmus mitnichten ‚kindlich' - wie Sie herabsetzend ihn nennen - sondern sehr vernünftig; denn das beste, was der Mensch tun kann, ist ganz gewiß: sich seinen edelsten Empfindungen hinzugeben, und das ist die Bewunderung und die Liebe. Daß Ihre Bewunderung meinen ‚Sigismund' trifft, ist mir ganz lieb; - aber was soll ich mich weitläufig dafür bedanken? Vielleicht kommt Ihnen auch dies wieder wie ‚Unnatur' vor. Hergebracht ist es freilich, für eine Aufmerksamkeit, ein Lob, eine Artigkeit usw. mit vielen charmanten Phrasen zu danken. In mir ist Wahrheit zu Haus; da wollen die Phrasen gar nicht gedeihen. Die Welt ist nun einmal so beschaffen, daß, wenn ein Mensch in der unendlichsten Gleichgültigkeit gegen ihre trivialen Lobhudeleien oder ihre banalen Verketzerungen, aus der Essenz seines Wesens heraus, sich gibt und ausspricht: so nimmt er sich dermaßen fremd und verwunderlich aus, daß seine Natur als Unnatur erscheint. Darüber beklage ich mich wahrlich nicht, wenn mir das passiert. Aber herzlich haben Sie mich lachen machen, daß Sie sagen: „Auf das Begrabenwerden in Ihrem Andenken bin ich gefaßt." Halten sie mich denn für eine ägyptische Pyramide, daß ich mumifizierte Menschenbilder in mir aufspeichern sollte? Nein! in meinem Andenken **lebt** man, oder man ist gar nicht drin, und ich hoffe denn doch, Sie trauen mir zu, daß ich die Anerkennung eines wahrhaft geistvollen Menschen genug zu würdigen weiß, um ihm herzlich verpflichtet zu bleiben in meiner Erinnerung.
Möge es Ihnen wohl gehen in dieser unbehaglichen Aequinoktium-Naturkonfusion.

Ida Hahn-Hahn. BT 1/277

Pückler an Gräfin Hahn

Muskau, den 15.3.1845
Ich glaube,
Sie geben mir eine Ohrfeige, wenn ich die Aufrichtigkeit so weit treibe, Ihnen zu gestehen, daß ich sogar ein wenig ums Geld schreibe. Es ist mir so amüsant ironisch vorgekommen, daß ich für meine bisherigen Scharteken zwischen 30 bis 40000 Taler gezogen habe, ich und in Deutschland, wo es Schiller und Herder und Jean Paul, selbst Vulpius nie so weit gebracht haben, und Goethe erst am Ende seiner Laufbahn. Es war ein Sündengeld, ich habe es aber gut angewandt und meinem eigenen Vergnügen keinen eigenen Taler davon gegönnt, die einzig schickliche Buße bei ungerecht erworbenem Gut. BT 1/327

Ida Hahn-Hahn als „Gräfin Iduna mit Kavalieren" in einer Zeichnung von Alexander von Sternberg

„Fürst Pückler kennengelernt; ein **sehr artiger Komödiant** im guten Styl; könnte mich vielleicht interessieren - aber ich habe **kein Herz zu ihm."**
Ida Hahn-Hahn,
Tagebuch 1842 BT 1/292

BRIEFWECHSEL ZWISCHEN BETTINA VON ARNIM UND PÜCKLER

Mein Stil ist scherzend, sauersüß und leichtsinnig

Mitten im Schoß der Lustgärten das Feld der Armut pflegen

PÜCKLER AN BETTINA VON ARNIM

Muskau, den 22. August 1832
Du bist ein verteufelter, mörderischer Rezensent! Ich werde mich wohl hüten, Dir mein Buch zu zeigen. Du wärest kapabel *(fähig)* es ohne weiters ins Kamin zu werfen, um es Deines ätherischen Feuers teilhaftig zu machen. Bedenke, Bettina, daß Du in der Luft schwebst, und ich auf der Erde gehe. Mein Stil ist scherzend, sauersüß und leichtsinnig, Deiner stets erhaben. Wir dürfen beide nicht aus der Rolle fallen. Dennoch ist es wichtiges Argument in Deiner Antikritik, und deshalb will ich folgen. Es konnte Schinkel schaden, und ich habe höchstens nur das Recht, mir selbst zu schaden zum Besten anderer, und wie gerne täte ich das, könnte ich einem Manne helfen wie Schinkel, den ich so wahrhaft verehre, daß ich nicht einsehe, warum ich ihn nicht meinen verehrten Freund nennen soll.
Meine Gartenrhapsodie *(gemeint ist sein Buch „Andeutungen über Landschaftsgärtnerei")* ist eigentlich ein ernsthaftes und noch eigentlicher ein langweiliges Buch, zuweilen läßt sich aber doch das Bocksfüßchen darin blicken, und nimmst Du ihm das, so nimmst Du ihm alles, was es dem Publikum genießbar machen kann. Zur Probe schicke ich Dir eine Abschrift der Vorrede, geniere Dich nicht. Du lobst mich ohnedem zuviel, und ich liebe Tadel.
Was Schleiermacher betrifft, so beruhige Dich. So dumm und unschuldig ich auch bin, so habe ich doch sehr wohl verstanden, und Du hast es mir am Schluß hinlänglich zu verstehen gegeben, daß ich in der roten Tinte einen bettinisierten Schleiermacher vor mir habe.

BETTINA VON ARNIM, GEB. BRENTANO (1785 - 1859), SCHRIFTSTELLERIN, GLÜHENDE VEREHRERIN GOETHES, ENGAGIERTE VORKÄMPFERIN FÜR DIE RECHTE DER ARMEN UND FÜR SOZIALEN UND POLITISCHEN FORTSCHRITT IN PREUSSEN. IHR BUCH „GOETHES BRIEFWECHSEL MIT EINEM KINDE" (1835), IN DEM SIE ECHTE UND PHANTASIEVOLL ERDACHTE BRIEFE MISCHT, WIDMET SIE PÜCKLER.

In meiner Antwort wollte ich Dir daher auch nur bemerklich machen, daß Du ihn hie und da stark vergriffen habest, doch aber mit richtigem Instinkt, denn die Katze läßt das Mausen nicht, und jeder Priester hat eine Sendung zur Intoleranz und Infallidität *(Unfehlbarkeit)*. Auf Deine Korrespondenz mit Goethe bin ich sehr begierig...
Sei nicht so schwerfällig pedantisch, gute Bettina, das ist Dein größter Fehler. Schaffe Dir etwas von Deines Goethes dichterischer Universalität an, denn bei unendlich viel Geist bist Du einseitig.
In vierzehn Tagen spätestens komme ich nach Berlin, wo ich Dich zu finden hoffe. Ich werde Dir dann zeigen, daß ich keine falschen Waden trage, wie Du Dir wegen der strengen Form meines Beines einbildest. Adieu, gutes Närrchen, könntest Du doch klettern, und wärst Du noch achtzehn Jahr, so wäre ich Dein Sklave, et comment! Dieu le sait *(und wie! weiß Gott).* Wie es jetzt ist, mußt Du schon der meinige bleiben.

BT 1/106

...Was du liebst, dem gehst du nach, und davon liegen die Spuren der Ahndung in deiner Seele, und die Ahndung wird dich nicht irre leiten...

Bettina von Arnim an Pückler. 25. 12. 1833
BT 1/161

BETTINA VON ARNIM AN PÜCKLER

Berlin, den 28. Dezember 1833

Sie sagen: „Es ist mit starken Fehlern ein sehr übles Ding, und zu ihrer Besserung mag oft Unglück große Gnade sein."
Hierauf antworte ich: daß Sie für manches kein Unglück ist, was Sie so nennen; niemand kann sich in der Welt besser behaupten wie Sie, ohne das sogenannte irdische Glück; ja, Ihre vertrackte Eitelkeit könnte sich sogar auf eine noch eklatantere Weise befriedigen, als es Ihnen mit allem Bombast des Luxus gelingen könnte, indem Sie kaltblütig darauf verzichten. Wie groß ist es nichts zu bedürfen! Und wer Teufel wird es wagen, sich an Ihren Schuhriemen zu versündigen, wenn Sie mit zu ruhigem Stolz sich über die Glücksumstände hinausschwingen.

Wer sich nicht ohne Staatskleid sehen läßt, wer sich nicht ohne Titel nennen läßt, der weiß nicht, was er ist.
Eins geben Sie nicht auf, vertrackter Sünder - das ist Ihr Standpunkt zu der Welt; erhalten Sie den, trotz allem Wettern und Krachen.

PÜCKLER: AUF DEN HÄNDEN GETRAGEN SOLLEN SIE WERDEN

Marlitt: Aber kommen kann ich nicht

EUGENIE JOHN.
HOLZSTICH VON AUGUST NEUMANN NACH EINEM FOTO VON CHRISTOPH BEITZ, 1866

Bleiben Sie ein Fürst der Menschen in Ihrer Seele. Wenn er auch schlecht regierte bis jetzt, so denken Sie, daß alle Schwächen und Vergehungen nichts sind gegen die würdelose Schmach, den Szepter *(Zepter, Herrscherstab)* niederzulegen. – Gehen Sie mit mir ein auf diesen scheinbaren Scherz, er ist mein tiefster Ernst. Der reine Wille liegt in Ihnen, und die Tendenz zum Regieren; dieser Fähigkeit haben sie bisher schlecht entsprochen.
Sie waren in Muskau mit mir einverstanden, als ich Ihnen sagte, Sie seien geeignet ein Friedensfürst zu werden im nächsten Leben. Nun ja! Das nächste Leben geht aber heute an. Ich weiß nicht, warum Sie glauben, Sie müssen erst aus der Haut fahren, um ein neues Leben zu beginnen? Verlassen Sie alle unersprießlichen Zwecke, bedürfen Sie nichts für sich, und verwenden Sie das, was Sie vermögen, sei es wenig oder viel, für die Ihrigen und nicht für sich, so sind Sie mächtig wie irgendeiner. – O, lassen Sie sich nicht von meiner kindischen Zuversicht beleidigen, schauen Sie in die Ökonomie meines Kopfes und Herzens, wenn sie auch nicht ausführbar sein sollte.
Alles, was Sie entbehren können, dessen begeben Sie sich, es ist Ihrer Würde nicht gemäß, von Bedürfnissen abzuhängen, und Ihr ganzer Genuß kann Ihrem früheren Leben nach fortan nur in der Entbehrung liegen; dabei seien Sie großmütig, Sie können es sein unter allen Umständen.
Beackern Sie Ihr Feld, soweit es fruchtbar ist, die reingezogenen Furchen der jungen Saat und das goldene Ährenfeld sind so schön als ein kurzbegrünter Rasen, wie erfreulich, wenn Sie auch nur jedem Armen ein Brot reichen können; eine fürstliche Einrichtung, mitten im Schoß der Lustgärten das Feld der Armut zu pflegen.
BT 1/170

ÜBER BETTINA:

Die Frau hat soviel Basis wie das Wasser einer Fontaine; was oben heraussprudelt, macht den neuen Tropfen Platz.

Lucie von Pückler, Juli 1834   BT 8/247

Eugenie John-Marlitt, geboren als Friderike Christiane Henriette Eugenie John (1825-1887), Sängerin, Schriftstellerin. Mathilde Fürstin von Schwarzburg-Sondershausen ermöglichte die Ausbildung zur Sängerin in Sondershausen und Wien. **Kammersängerin**. Konzertreisen in Begleitung der Mutter nach Leipzig, Linz, Graz, Lemberg. Abbruch der Laufbahn wegen eines Gehörleidens. **Vorleserin** der Fürstin Mathilde in Friedrichsruh und München. 1863 Rückkehr nach Arnstadt. 1865 erscheint in der „Gartenlaube" unter dem **Pseudonym E. Marlitt** („Meine ARnstädter LITTeratur") ihre Erzählung „Die zwölf Apostel", es folgen „Goldelse", „Blaubart", „Das Geheimnis der alten Mamsell", „Reichsgräfin Gisela", „Das Heideprinzeßchen" und weitere Romane. Seit 1868 an den Rollstuhl wegen zunehmender Versteifung der Gelenke gefesselt. Trotz mehrerer Einladungen, nach Branitz zu kommen, bleibt es bei einem lebhaften mehrmonatigen Briefwechsel zwischen Branitz und Arnstadt.

Pücklers Versuch, die Schriftstellerin im Herbst 1868 in Arnstadt zu treffen, scheitert – sie läßt sich nicht sprechen, und Pückler kehrt tief enttäuscht nach Branitz zurück.

PÜCKLER AN DIE MARLITT

Branitz, den 8. April 1868

Meine teure, verehrte Freundin.
Ich antworte wieder spät, weil ich noch immer recht krank bin. Dafür habe ich aber Ihren Brief desto öfter gelesen, und es wird mir jetzt wirklich bange, mein altes Herz ganz an Sie zu verlieren.
Was Sie von den Hofleuten sagen, ist sehr richtig, an kleinen Höfen noch viel schlimmer als an großen. Ich habe dies Hofleben nie gelebt, und passe auch gar nicht dahin, sowohl wegen meiner Fehler, als wegen meiner besseren Eigenschaften, obgleich Anhänglichkeit für unser regierendes Haus, und persönliche Gründe mich oft dahin führten…
Nun fahre ich in der Beantwortung meines Kleinods, Ihres Briefes, fort, Punkt für Punkt, wie ein pflichtschuldiger Korrespondent, und hoffe so fortfahren zu können, bis ich selbst zu Ihnen komme; doch darüber ausführlicher ein anderesmal, denn ehe ich die Freude habe, in Ihr schalkhaft

GOTTFRIED KELLER ÜBER DIE MARLITT: „ICH HABE DAS FRAUENZIMMER IMMER BEWUNDERT".

IST ES DENN NÖTIG, DASS WIR UNS ...

...persönlich kennenlernen?

An Seine Durchlaucht Fürst H. v. Pückler, Schloß Branitz

Arnstadt, den 5. Mai 1868
Diesmal hat unser Briefwechsel durch **meine** Schuld eine längere Unterbrechung erlitten. Mein ziemlich reizbares Gewissen will mir bereits seit einigen Tagen einflüstern, die Augen meines sehr verehrten Korrespondenten sähen ein wenig mißvergnügt auf meinen Schreibtisch herab - da liegt freilich das neueste Manuskript für die ‚Gartenlaube', und hat ganz hübsch zugenommen an Seitenzahl und Inhalt, während der Briefwechsel im Kasten trauern mußte. Die linden Frühlingslüfte, unter denen draußen die braunen Knospen springen, hatten auch den fast erstorbenen Schaffenstrieb in meiner Seele berührt, und plötzlich flatterten alle Gebilde meiner Phantasie auf, und verlangten gebieterisch ihre Fixierung auf dem Papier...
Und nun nehmen Sie meinen herzinnigen Dank für Ihren letzten Brief. Ich verhehle Ihnen nicht, wie so ganz besonders lieb er mir ist und daß ich ihm einen Ehrenplatz einräume unter den wenigen schriftlichen Andenken, die ich der wahren Freundschaft verdanke, denn Sie haben ihn ja, trotz Krankheit und Schmerzen eigenhändig geschrieben - eine Bemühung um meinetwillen, die mich rührt und - stolz macht. Dieser letzte Ausspruch mag Ihnen beweisen, daß ich Sie nicht so sehr verkenne, wie Sie meinen; ich glaube im Gegenteil Ihren Charakter ziemlich richtig zu beurteilen, und zwar gerade um deshalb, als ich die von Ihnen bestrittene Verschiedenheit unserer Individualität immer klarer und deutlicher erkenne. Sie sind jedenfalls viel edler und menschenfreundlicher als ich. Wie Sie selbst sagen, haben Sie sich eine gewisse Naivität bewahrt - jene köstliche Eigenschaft, die wir eigentlich nach unserer Erdenwanderung ungeschmälert wieder in den Himmel zurückbringen müßten; mir ist

kluges, und dabei doch auch **so gutes** Auge zu sehen, haben wir noch Zeit zu einigen Briefen, wenn Ihr freundlicher Wille aushält, was ich hoffe, eben weil Sie gut sind, und jedes Wort in Ihren Schriften wie in Ihren Briefen bezeugt, und Sie würden nicht ungnädig lächeln, wenn Sie jetzt in meiner Seele lesen könnten, wie stolz ich auf diese Briefe und auf Ihre Güte für mich bin. So sehr ich aber die ausgezeichnete **Schriftstellerin** ehre, so ist mir doch ihre eigene ganze Natur, wie sie meiner Phantasie geistig vorschwebt, die Hauptsache. Jedoch mich verkennen **Sie** fortwährend noch, glaube ich, und in vielem. Wenn Sie zum Beispiel schreiben: „Ich sollte meinen, ein Geist wie der Ihrige bedürfe des Verkehrs mit der Welt nicht in dem Maße, wie Sie ihn zu wünschen scheinen" - so denken Sie sich gerade das Gegenteil von mir. Ich liebe die Einsamkeit (allerdings oft zu Zweien, als Doppel-Einsiedler) mehr als die Gesellschaft, und ganz besonders die, welche man die große Welt nennt. Was ich vor allem liebe, ist die **große Natur** in allen ihren mannigfaltigen Reizen und dabei so voll ernster Belehrungen, dann für meine Person aber auch möglichste Freiheit und Ungeniertheit, welchen starken penchant *(Neigung)* ich schon viel große Opfer in weltlichen Dingen gebracht habe, welche die gewöhnlichen Menschen des Interesses wegen zu hoch schätzen, um nicht lebenslang danach zu jagen.
Sie Argwöhnische halten mich so ganz verschieden von sich! und ich ahne immer mehr Aehnlichkeiten zwischen uns, nicht Gleichheit, aber chemische Wahlverwandtschaft nach Goethes Ansicht. Eins aber glauben Sie mir: Ich stelle Sie weit über mich, und deswegen liebe ich Sie, was auch Sie vielleicht bei näherer Bekanntschaft dahin bringen könnte, mir ebenfalls ein wenig gut zu werden, denn ich besitze, neben vielen Fehlern (für welche die Katholiken, bezüglich der daraus entstehenden **Sünden** einen mildernden hübschen Namen haben) auch zwei gute Eigenschaften, die bei edlen Gemütern ihre volle Geltung finden: Natürlichkeit, das heißt zu erscheinen wie man wirklich ist, und Wahrheit ohne Scheu, die daraus entsteht.
Sie sehen hiernach schon, daß ich zum Hofmann wie zum Diplomaten nicht im geringsten tauge, wie auch zum Schmeichler - nur aus Liebe und zur Falschheit - selbst nicht gegen Feinde!
Da Sie meine kleine Schöpfung Branitz er-

wähnen, und allerdings mit Recht bemerken, daß sie nur aus einer Sandbüchse hervorgegangen, und noch davon mehr oder weniger umgeben ist - so ist es doch mein feurigster Wunsch, Sie - darf ich sagen: liebe, verführerische Eugenie - hier einige Wochen als meinen Gast verehren zu können. Ich kann Sie dazu abholen nach meiner Badekur in Wildungen, Anfang Herbst, wo noch die Blumen blühen, eine Jahreszeit, die mit dem Frühjahr wetteifern kann, und mir, ich weiß selbst nicht warum (vielleicht weil ich persönlich schon im Lebens-Winter bin), oft noch gemütergreifender vorkommt als der heitere, vorstrebende, aber noch nicht ganz fertige Frühling, während der Herbst, schon im Abgang begriffen, das Vergangene klarer übersieht, und noch immer phantasiereich genug erscheint, um uns eine noch weit schönere Zukunft, beim Verlassen dieser hiesigen Station - wenigstens einzubilden. Manche Naturen leben mehr in der ferneren Zukunft als in der ausgedehnten Gegenwart (denn nur **ausgedehnt** kann man die Gegenwart denken, weil sie sonst kaum eine Sekunde lang wirkliche Gegenwart zu bleiben vermag); ein fortwährendes Schwimmen in der Ewigkeit - denn steter Wechsel der Existenz ist das Leben - gewiß eine große Wohltat der Natur. Ewigkeit wäre die schrecklichste Hölle, wenn man immer dasselbe darin bliebe! **Dies** kann nur der ewig seiende Geist ohne Zeit und Raum - wenn es einen solchen gibt - flüstert mir der Skeptiker zu.
Wie denken Sie über alles das?...
Diesmal also, verehrte Eugenie, habe ich meinen Brief von Anfang bis zum Ende wenigstens **selbst** schreiben können, obgleich ich fast beschämt bin, Ihnen zuzumuten zwölf Seiten eng geschriebenen lesen zu sollen, und zwar nicht rührend ergreifende Meisterstücke wie „Goldelse" und „die alte Mamsell"- sondern nur Wahrheit ohne alle Dichtung, und Worte ohne allen Reiz, aber doch aus dem Herzen kommend, und dadurch vielleicht nicht ganz ohne allen Wert.
Die unsichere Hand und die vielen Korrekturen verzeihen Sie dem armen Kranken.
Ihr innig ergebener Herrmann Pückler
BT 1/368

48

Vom Himmel auf die Erde zurück

„Villa Marlitt" in Arnstadt, letzter Wohnsitz der Schriftstellerin

diese beglückende Zuversicht, die treuherzige Anschauung von Welt und Menschen abhanden gekommen, ich bin sehr mißtrauisch und verschlossen - daher manche Härte und Schroffheit in meinem Charakter, die man mir schuld gibt, daher die mangelnde Fähigkeit, die arglose Hingabe, das blinde Zutrauen an anderen auch nur zu begreifen. Sie laden mich zum Beispiel mit sorgloser Güte ein, nach Branitz zu kommen. Wie, wenn ich nun im persönlichen Umgang das unausstehlichste Geschöpf von der Welt wäre? Wenn ich Ihnen während der Tage meines Dortseins durch Widerspruchsgeist, häßliche Launen und dergleichen weiblichen Schwächen Ihr schönes Schloß zu einem Ort des Schreckens machte? Das können Sie doch nicht wissen, der Sie mich doch nur aus zwei Werken und einigen wenigen Briefen kennen. ‚Das Papier ist geduldig' sagt der Volksmund, und Mirza Schaffy singt: ‚Merk' dir, daß oft der gröbste Schlingel die allerzärtlichsten Verse macht.' ... Uebrigens danke ich Ihnen von ganzem Herzen für die freundliche Einladung, aber kommen - kann ich nicht. Ich bin zu leidend, um so weit reisen zu dürfen, auch kann ich weder meine Thüringer Berge noch meine gesamte Häuslichkeit einschachteln und mitnehmen - mein Herz ist so eigensinnig, ohne diese Umgebung nicht mehr leben zu wollen - und, was würden Ihre stolzen Hirsche und Rehe für Augen machen, wenn ein Menschenkind, mit völlig demokratischer Weltanschauung hinter der Stirne, in Ihrem aristokratischen Park umherwandeln wollte! ... Ist es denn überhaupt absolut nötig, daß wir uns persönlich kennen lernen? Ich sage entschieden: „Nein". ...
Und nun ein herzliches Lebewohl! Für eine baldige Nachricht über Ihr Befinden würde ich sehr dankbar sein; dabei muß ich jedoch noch Eines bemerken:
Ich habe Ihnen zu Anfang dieser Zeilen gesagt, daß Ihre eigenhändige Schrift den Wert der Briefe für mich erhöht; sollte aber diese Bemühung auch nur die geringste nachteilige Rückwirkung auf Ihren leidenden Zustand haben, so bitte ich dringend, eine andere Feder zu beauftragen.
Ihre getreue Korrespondentin Eugenie John-Marlitt

BT 1/373

Pückler an Ludmilla Assing

Nicht eine politische Umgestaltung wird auch eine soziale und religiöse herbeiführen, sondern, wie ich glaube, grade umgekehrt. Um die Übergangsperiode zum Schluß zu bringen, muß erst ein religiöses Reformgenie kommen, wie Zoroaster (Zarathustra), Moses, Christus, Mohamed, Luther, um den Wust veralteter Religionen durch eine zeitgemäßere erfrischend neu zu ersetzen, die, ohne der Vernunft zu widersprechen, doch auch der Phantasie und den Sinnen ihr Recht gibt, vor allem aber den Menschen vom Himmel und der Hölle auf die Erde zurückführt, für die er doch jedenfalls am nächsten bestimmt ist, und seinen naturgemäßen Egoismus nur dadurch mildert, daß sie ihn die Vorteile wie die Pflichten der dem Menschen notwendigen Geselligkeit insofern lehrt, damit er erkenne, wo sein wahres eigenes Interesse liegt, und wie eben ein vernünftiger Egoismus, der sich nur als Teil des Ganzen betrachtet, der einzige Weg zur glücklichen Existenz ist; der unvernünftige aber, der nur sich allein berücksichtigt, zum Verderben führt. Soweit in moralischer Hinsicht - für das Sinnliche und Poetische im Menschen sei es dann zugleich die Religion und Anbetung des Schönen, überall zur höchsten Macht hinauf, denn das ist das wahre Göttliche im ganzen Universum.

An Ludmilla Assing, 19.10.1864
BT 4/106

Ludmilla Assing (1821 - 1880), Schriftstellerin, Nichte Varnhagens von Ense; verwaltete den schriftlichen **Nachlass ihres Onkels**, gab dessen Briefwechsel mit Alexander von Humboldt sowie die Tagebücher (14 Bände) heraus. 1862 wegen dieser „staatsgefährdenden Bücher" zu acht Monaten **Gefängnis**, nach Erscheinen des vierten Bandes der Tagebücher noch einmal (in Abwesenheit) zu zwei Jahren nebst **Ehrverlust** verurteilt und steckbrieflich gesucht. **Autorin** einer umfangreichen Pückler-Biographie, Herausgeberin der neunbändigen Ausgabe „Briefwechsel und Tagebücher des Fürsten Hermann von Pückler-Muskau".

Zeitgenossen

5

Ein schönes, höchst fähiges Individuum

GOETHE ÜBER DIE „BRIEFE EINES VERSTORBENEN"

Ein für Deutschlands Literatur bedeutendes Werk. Hier wird uns ein vorzüglicher Mann bekannt, in seinen besten Jahren, etwa ein Vierziger, in einem höhern Stand geboren, wo man sich nicht erst abzumüden braucht, um auf ein gewisses Niveau zu gelangen, wo man früh Gelegenheit findet, der Schmied seines eignen Glücks zu sein und, wenn das Werk mißlingt, wir es uns selbst anzurechnen haben.

Die Briefe sind in den Jahren 1828 und 1829 auf einer Reise geschrieben, welche mehr zur Zerstreuung, in Absicht, von Mißmut, von verfehlten Unternehmen sich zu erholen, als zu irgendeinem andern Zweck angetreten worden. Gerichtet sind sie an eine zärtlich geliebte, genau und fest verbundene Freundin, die man in kurzem wiederzusehen hofft.

Der Schreibende erscheint als geprüfter Weltmann von Geist und lebhafter Auffassung, als der durch ein bewegtes soziales Leben, auf Reisen und in höheren Verhältnissen Gebildete, daneben auch als durchgearbeiteter freisinniger Deutscher, umsichtig in Literatur und Kunst.

Als guter Geselle tritt er auf, auch in der nicht besten Gesellschaft, und weiß sich immer anständig zu halten; er bleibt, sowohl bei den banalen Wildheiten der Rennjagd als den herkömmlichen Ausschweifungen der Gelage, seiner selbst mächtig und ist, ungeachtet unbequemer Rheumatismen und Migränen, rüstig bei der Hand. Besonders aber fehlt er sich selbst nie, wenn er sich vornimmt, Ausflüge da- oder dorthin, hin und her, kreuz und quer durchzusetzen. Alle Witterungen sind ihm gleich; die schlechtesten Wege, die unbequemsten Mittel des Transports, Verfehlung des Wegs, Sturz und Beschädigung, und was man sonst zufällig Widerwärtiges nur denken mag, rühren ihn keineswegs.

Beschreibungen von Gegenden machen den Hauptinhalt der Briefe, aber diese gelingen ihm auch auf eine bewundernswürdige Weise. England, Wales, besonders Irland, und dann wieder die Nordküste von England sind meisterhaft geschildert. Man kann sich's nicht anders möglich denken, als er habe die Gegenstände unmittelbar vor Augen, sie mit der Feder aufgefaßt; denn wie er auch jeden Abend sorgfältig sein briefliches Tagebuch geführt haben mag, so bleibt eine so klare ausführliche Darstellung immer noch eine seltne Erscheinung.

Warum man aber gern in seiner Nähe bleibt, sind die durchgängig sittlichen Manifestationen seiner Natur; er wird uns durch seinen reinen Sinn bei seinem natürlichen Handeln höchst interessant. Es wirkt so angenehm erheiternd, ein wohlgesinntes, in seiner Art frommes Weltkind zu sehen, welches den Widerstreit im Menschen von Wollen und Vollbringen auf das Anmutigste dargestellt. Die besten Vorsätze werden im Lauf des Tages umgangen, vielleicht das Gegenteil getan. Dies inkommodiert sein Innres dergestalt, daß zuletzt ein tiefgefühlter, wenn auch paradox ausgedrückter Besserungssinn unter der Form einer Ehrensache hervortritt.

Johann Wolfgang Goethe

Johann Wolfgang von Goethe (1749 - 1832) schreibt eine **wohlwollende** Rezension zur ersten Ausgabe der „Briefe eines Verstorbenen", die künftig zu hohen Auflagen dieses Werkes beiträgt. Ob er den wirklichen Namen des Verfassers zu diesem Zeitpunkt (1830) kennt, darüber streiten Literaturwissenschaftler. Lebensumstände und Charakter des Inselreisenden werden allerdings in einer Weise geschildert, die Goethes Kenntnis der Autorenschaft begründet erscheinen lässt. Pückler besuchte den Dichterfürsten in Weimar schon 1810. Seine Begegnung mit ihm im Jahre 1826 hat er in den dritten Band der „Briefe eines Verstorbenen" aufgenommen.

Er sagt: Wenn ich bei irgendeinem Anlaß mein Ehrenwort einem andern gebe und es nicht halte, so muß ich mich mit ihm schlagen; wie wär es denn, wenn ich mir selbst das Ehrenwort gäbe, dies und jenes, was mich oft reut, zu unterlassen? Da käm ich denn doch gegen mich selbst in eine bedenkliche Stellung.

Wäre denn wohl Kants Kategorischer Imperativ, in empirischer Form, gleichnisweise, artiger auszudrücken?

Goethe-Schiller-Denkmal in Weimar von Ernst Rietschel. Einen nicht realisierten Entwurf hatte auch der Berliner Bildhauer Christian Rauch (u.a. Reiterstandbild Friedrich II. in Berlin) eingebracht.

Goethe an Pückler

Tue nur jeder in seinem ihm angewiesenen Kreise ruhig das Beste, was er kann, in den größten wie in den kleinsten Verhältnissen - dann wird auch das Ganze immer sich sehr wohl befinden und am sichersten vorwärts schreiten - mir selbst adressierte er (Goethe) einst diese Worte, indem er die Ausdauer meiner, keine Opfer scheuenden Bestrebungen zur Verschönerung der mich umgebenden Natur als sehr verdienstlich lobte, so gering sie auch vielen erscheinen würden.
Pückler an Ludmilla Assing, 1.8.1862
BT 4/85

Religionsbegriffe oder -gefühle sind, wie man hieraus sieht, ihm nicht zur Hand. Er bescheidet sich, daß dem Menschen über gewisse Dinge keine deutliche Auskunft gegeben sei.
Der äußere Kultus, den man, das Innere zu beschwichtigen, anordnet, ist ihm deutlich. Die römische Kirche wie die anglikanische läßt er bestehen, aber unbewunden spricht er aus, was er von ihnen hält. Dagegen bekennt er sich zu dem, was man sonst natürliche Religion nannte, was aber in der neuern Zeit schon wieder sich zu einer andern Ansicht gewendet hat. Der Frömmelei ist er besonders aufsässig, und einige, wie es jedoch fast scheinen will, von fremder Hand eingeschaltete Aufsätze drücken sich sehr stark hierüber aus.
Ritterlich, wie oben gegen sich selbst, benimmt er sich durchaus, und die Art, wie er sich überall ankündigt, jederzeit auftritt, bringt ihm großen Vorteil. Man denkt sich seine Person ansehnlich und angenehm, er stellt sich Hohen und Geringern gleich, allen willkommen. Daß er die Aufmerksamkeit von Frauen und Mädchen besonders erregt, ist wohl naturgemäß; er zieht an und wird angezogen, weiß aber, als welterfahrener Mann, die kleinen Herzensangelegenheiten mild und schicklich zu endigen. Freilich hat er alles an eine innig geliebte, ihm durch Neigung angetraute Freundin zu berichten, wo er sich denn wohl mancher dämpfenden Ausdrücke bedienen mag. Nicht weniger versteht er, hie und da verfängliche Geschichten, mit Anmut und Bescheidenheit, wie es die beste Gesellschaft erträgt, schicklich einzuflechten.
Die Reise ist in den letzten Jahren unternommen und durchgeführt, bringt also das Neuste aus genannten Ländern, wie ein geistreicher, um- und einsichtiger Mann die Zustände gesehen, uns vor Augen. Nach unsrer Meinung gereicht es diesem Werke zu großem Vorteil, daß die zwei letzten Bände vor den zwei ersten erscheinen, wodurch der ganze Vortrag eine epische Wendung nimmt; denn zu jedem, was vorgeht, muß man sich das Vorhergehende denken, welches durch die große Konsequenz des Schreibenden, durch sein sichres Verhältnis zu der geliebten Freundin erleichtert wird. Mit einem klaren Geiste wird man leicht bekannt,

Es ist ein lächerliches Monument. Aber um des Himmels willen, verraten Sie mich nicht in der Residenz. Ich darf mich sonst nie wieder dort sehen lassen, aber Rauch hätte es besser gemacht.
An Appollonius von Maltitz, 15.11.1862
BT 8/56

und mit dem Weltmanne findet Ihr´s gleich bequem, weil er durchaus offen erscheint, ohne eben gerade aufrichtig zu sein.
Nach und nach hilft uns der werte Mann selbst aus dem Traume. Man sieht, es ist ein schönes, höchst fähiges Individuum, mit großen äußern Vorteilen, und zu genügendem Glück geboren; dem aber, bei lebhaftem Unternehmungsgeiste, nicht Beharrlichkeit und Ausdauer gegeben ist, daher ihm denn manches mißlungen sein mag. Eben deswegen kleidet ihn auch diese wundersam genialisch-zwecklose, für den Leser zweckerreichende Reise gar zu gut. Denn da wir nicht unterlassen können, englischen und irländischen Angelegenheiten unsere Aufmerksamkeit zuzuwenden, so muß es uns freuen, einen so begabten Landsmann gleichsam als forschenden Abgesandten dorthin geschickt zu haben.
Dies sei genug, obschon noch viel zu sagen wäre, ein so lesenswertes und gewiß allgemein gelesenes Buch vielleicht schneller in Umlauf zu bringen, welches auch als Muster eines prosaischen Vortrags angerühmt werden kann, besonders in beschreibenden Darstellungen, wohin man immer hingewiesen wird...
AW 2/361

WAS NICHT AUFGEGEBEN IST, IST AUCH NOCH NICHT VERLOREN

Pückler und die Wenden

■

...Ich glaube wirklich, könnte ich Wendisch, regierte hier bis in die Details selbst und wäre so unter diesen Leuten aufgewachsen und immer unter ihnen, sie ließen sich alle für mich totschlagen, während ich jetzt nur als ein fremder Zwingherr erscheine, und doch machen sie immer noch einen großen Unterschied zwischen mir und meinen Offizianten.
Pückler an Lucie, 8. 5. 1832
BT 7/230

Anlässlich der Anstellung eines Lehrers für die zur Herrschaft Muskau gehörenden Dörfer Keula und Lugknitz verfügt der Fürst am 13. August 1823, „die Schulstunden in keiner anderen **als deutscher Sprache**, durchaus nicht wendischer bei Vermeidung herrschaftlicher Ungnade" zu halten.
Im Jahre 1817 schreibt Pückler in Beantwortung einer Beschwerde der Bauern aus Mühlrose und Trebendorf, die den Entzug der Streu durch die Pücklerschen Verwalter beklagen: „Wenn ihr Brot so schlecht ist, so liegt dies in der

TRAUUNG IN MUSKAU.
UNBEKANNTER MALER, UM 1782

Tat mehr an dem schlechten Boden, den sie bebauen, und am allermeisten an der **wendischen Faulheit**, die lieber hungert, als für sich und andere arbeitet..."
In Cashel in Südirland nimmt Pückler im Oktober 1828 an einem Dinner des Erzbischofs teil, bei dessen Gesprächen es auch um Gemeinsamkeiten von Iren und Wenden geht:

Die Melodien der Lieder, welche man sang, hatten eine auffallende Ähnlichkeit mit denen der Wenden, wie sich überhaupt zwischen beiden Völkern viel gleiche Beziehungen findet. Beide fabrizieren und lieben ausschließlich reinen Kornbranntwein (Whisky) und leben fast allein von Kartoffeln; bei der Nationalmusik kennt man nur den Dudelsack, sie lieben leidenschaftlich Gesang und Tanz, und doch sind ihre Melodien stets melancholisch; beide sind unterdrückt durch eine fremde Nation und sprechen eine immer mehr sich verlierende Sprache, die reich und poetisch ist, ohne daß sie doch eine Literatur in derselben besitzen; beide verehren unter sich noch immer die Abkömmlinge ihrer alten Fürsten und haben den Grundsatz, daß, was nicht aufgegeben ist, auch noch nicht ganz verloren sei, beide sind abergläubisch, schlau und in ihren Erzählungen zu Übertreibungen geneigt, revolutionär, wo sie können, aber etwas kriechend gegen dezidierte *(entschiedene)* Macht; beide gehen gern zerlumpt, wenn sie sich auch besser kleiden könnten, und endlich sind beide bei elendem Leben dennoch großer Anstrengung fähig, obgleich sie am liebsten faulenzen, und dabei auch gleich fruchtbarer Natur, welches ein wendisches Sprichwort ‚den Braten der armen Leute' nennt. Die bessern Eigenschaften besitzen die Irländer allein.
BT 1 /324

HERR VON PROKESCH LIEBT DAS MENSCHLICHE UND HASST DAS KANZLEIISCHE

Liebenswürdiger Weltmann

■

Anton Freiherr (später Graf) von Prokesch-Osten (1795-1876), österreichischer Diplomat und Schriftsteller, Professor der Mathematik in Olmütz, 1834 Gesandter in Athen, 1849 Gesandter in Berlin, 1867 Botschafter in Konstantinopel. Seit 1832 verheiratet mit Irene, Tochter des Wiener Musikwissenschaftlers Raphael Kiesewetter. Pückler schätzt nicht nur Prokeschs detaillierte **Kenntnis des Orients** (er schrieb Bücher zur Geschichte und Landeskunde Ägyptens und Syriens), sondern auch - dessen **Frau Irene**. Pückler lernt die Prokeschs in Athen kennen und schildert die Begegnung im „Südöstlichen Bildersaal".

Vor allem muß ich aber jetzt einen Mann erwähnen, dessen hoher schriftstellerischer Ruf Neugier wie Wißbegierde zu ihm hinzieht, dessen geistausströmende, heitere und anspruchslose Persönlichkeit aber noch weit mehr als seine Schriften fesselt. Ich gestehe übrigens gern, daß der zuvorkommende, freundliche Empfang, den er mir angedeihen ließ, noch ehe er etwas von meinen Empfehlungsbriefen an ihn wußte, mir sehr schmeichelhaft deuchte, und gewiß war es nebenbei kein kleiner Vorteil, unter der gütigen Leitung eines so gründlichen Altertumkenners, eines so vielseitig gebildeten Gelehrten und eines so liebenswürdigen Weltmannes die ewig denkwürdigen Monumente zu sehen, welche uns die Größten unter den Alten und eine leider auf immer dahingeschwundene Periode der Kunst in ihren erhabensten Formen noch jetzt vergegenwärtigen.

ZUWEILEN LAG ICH ALS DAME AUF DEM SOFA UND HATTE MIGRÄNE

Abenteuer mit dem Nilpferd

ANTON GRAF VON PROKESCH-OSTEN
ZEICHNUNG VON WILHELM HENSEL

KARL IMMERMANN. AUSSCHNITT EINER ZEICHNUNG VON L. PIETSCH, 1868

Sowie man das Haus des Herrn von Prokesch betritt, das mich durch die geschmackvolle Disposition antiker Fragmente an das unseres Goethe erinnerte, ahnt man den kunstliebenden, feineren Genüssen lebenden Besitzer. Ich fühle mich wohl in einer solchen Atmosphäre, und ein günstiges Schicksal gewährte mir sogleich noch einen lieblichern Beweis von dem praktischen Schönheitssinn des Hausherrn, indem es mich zufällig die reizende Dame auf dem Flur begegnen ließ, die er zu seiner Gemahlin gewählt. Frau von Prokesch ist schön und liebt ihren Mann, aber sie versteht ihn auch, - ein noch glücklicheres Los für beide!
Dazu besitzt sie das Talent, eine große Virtuosin auf dem Klaviere zu sein. Unter solchen Umständen kann man es ohne Zweifel selbst im neuen Griechenland aushalten und es sogar lieben wie Herr von Prokesch, eine Liebe, der das Erbarmen zu Grunde liegt und welche die Hoffnung aufrecht erhält. SB 117

Den 10ten März
Herr von Prokesch ist ein Mann, der das Menschliche und Geniale liebt und das Kanzleiische haßt. Ohne blinde Hingebung an ewig wechselnde Theorien, ohne an alles den Schustermaßstab desselben engen Leistens zu setzen, beurteilt und behandelt er die Dinge nach der Natur ihrer Lokalität und nach ihrem darauf basierten, wahren Wert. Die echte Frömmigkeit erfreut ihn am Muselmann so gut wie am Christen; den Dichter kann er bewundern, auch wenn er ganz andere politische Grundsätze haben sollte als er selbst, und das Genie ehrt er, es finde sich unter dem Turban oder der Perücke.
SB 124

■

...Ich war vor einigen Jahren europamüde, warum? weiß ich selbst nicht, denn es hatte mir niemand etwas zuleide getan, aber ich war europamüde, wie man gegen elf Uhr abends schlafmüde wird. Beschloß also, zu reisen, so weit weg, wie möglich. Weil aber heutzutage jeder Mensch, der in Betrachtung kommen will, absonderlich unterwegs, interessant sein und den Spleen haben muß, reise ich erst nach Berlin und ließ mich dort im Interessant sein unterrichten; dafür zahlte ich zwei Friedrichsdor Honorar. Dann ging ich nach London und lernte dort bei einem Master den Spleen; der Tausendsassa war aber teuer, ich mußte ihm, Sie mögen es mir glauben oder nicht, zwanzig Guineen entrichten und außerdem schwören, das Geheimnis nicht verraten zu wollen. Nachdem ich so das Interessante und den Spleen weghatte, glückte es mir überall recht sehr.

Karl Immermann (1796 - 1840), Romancier, Dramatiker („Andreas Hofer", „Die Epigonen").
In seinem satirischen Roman „Münchhausen" hat er Pückler **als Enkel des Lügenbarons** dargestellt, als bindungslosen Menschen der Moderne, der mit allen Torheiten der Zeit zu scherzen, zu spielen beliebt.

Ich trug mich bald als Engländer, bald als Neugrieche, zuweilen lag ich als Dame auf dem Sofa und hatte Migräne; dabei redete ich ein Kauderwelsch von Französisch und Deutsch, wie es zu Anfang des achtzehnten Jahrhunderts während der großen Sprachverderbnis Mode war.
In jenen wechselnden Kostümen und in diesem Deutsch ... bestand das Interessante; was aber den Spleen angeht, so führte ich immer Kampfer bei mir, um das Geheimnis frisch zu erhalten. Davon bekommt man nämlich eine blasse Couleur *(Farbe; Teint)*; ich sah bald aus, als hätte ich schon zehn Jahre im Grabe gelegen. Als ich mich eines Tages in meinem Toilettenspiegel, deren ich damals, wo ich der Eitelkeit frönte, stets mehrere besaß, zu Gesichte bekam und meine bleiche Farbe erblickte, ging mir ein lichter Gedanke im Kopfe auf. „Sehe ich nicht wie eine Leiche aus?" sagte ich zu mir selber. „Ich will mich den Verstorbenen nennen." Gesagt, getan! Dieser Einfall hat Wunder gewirkt. Einen Verstorbenen hatten die Deutschen noch nicht gehabt. Und nun gar ein Verstorbener, der so traulich mit ihnen zu plaudern wußte und ihnen tausend Geschichten erzählte, die ein Lebender allenfalls auch in jedem Klatschzimmer der Sozietät hätte auftreiben können! Jung und alt, Männer und Weiber, Gelehrte und Idioten drängten sich zu den Leichenspuren des Verstorbenen; die alte Farbe wurde wieder neu, welche das Volk hinter einem geschmückten Verwesten jubelnd herwandern läßt. Geheime Künste haben es aus der Gruft emporbeschworen, die Menge zu locken.
Die Jünglinge drängen sich begehrlich heran, mit der buntgeschminkten Frau Venus zu tanzen; immer weiter lockt die pestdampfende Schönheit, welche ihnen wie Zibet und Ambra riecht, die Lüsternen; endlich auf einem Kirchhofe fallen die Gewänder von den klappernden Gebeinen ab, und ein scheußliches Skelett faucht ihnen den Spruch zu: „Sic transit gloria mundi *(So wandelt sich die Herrlichkeit der Welt)*".

Pückler als Zeichner: Während seiner Nilreise brachte der Fürst diese Zeichnung seiner Nilbarke zu Papier und stellte sich selbst darin dar (rechts, mit langer Pfeife).

Die Zeichnung, von einem Lithographen umgesetzt, fügte er der Erstausgabe seines letzten Buches „Die Rückkehr", Erster Teil, Ägypten, Verlag von Alexander Duncker, Berlin 1846, bei.

Aber mit mir kam es nicht so weit, viel mehr blieb ich, obgleich ein duftender Verstorbener, recht inmitten der Gloria Mundi. Nachdem ich so berühmt geworden war, strich ich durch die ganze Welt, kam auch im Vorbeigehen durch Afrika; in Algier wurde ich arabisch mit allen Formalitäten, hatte dann gutes Logis bei Vizekönigs von Ägypten. Er wurde mein Duzbruder, und ich mußte ihm tausend Sachen erzählen, die er mir alle geglaubt hat.
Weiter oberhalb nach Nubien zu, unfern der Katarakte, stieß mir ein hübsches Abenteuer mit einem Nilpferde auf.
Ich sitze am Strom im Schilf, in naturalibus *(nackt)*, wie mich der Herr geschaffen hat, denn anders bin ich in Afrika nie gegangen; esse mein Mittagsbrot in guter Ruhe, siehe da, schießt eine Bestie von Hippopotamos *(Großes Flußpferd, Nilpferd)* auf mich zu und hat mich im Rachen, ehe ich noch rufen kann: „Qui vive!" *(Wer da?)*
Ich indessen nehme in der Geschwindigkeit mein bißchen Geistesgegenwart zusammen, schreie in dem Rachen, als das Vieh mich eben verschlucken will: „Monsieur! Monsieur! avec permission, je suis son Altesse telle et telle!" *(Mein Herr! Mein Herr! Mit Verlaub, ich bin seine Durchlaucht Soundso!)* „Was geschieht? Sie mögen es mir glauben oder nicht: Die gute Seele von Nilpferd spuckt mich auf der Stelle aus, wischt sich die Tränen aus den Augen..." „Womit? Womit?" rief der Baron. „... mit einem Palmblatte, welches die ehrliche Haut in die rechte Vorderpfote nimmt; erötet, und rennt beschämt davon. Soweit haben es Vizekönigs schon in Ägypten gebracht, daß selbst die Hippopotamoi vor literarischen Sommitäten *(Größen)* Respekt bezeigen."
„Ich meine, das Nilpferd nähre sich nur von Vegetabilien, nicht von Fleisch", wandte das Fräulein bescheiden ein.
„Es ist vermutlich kurzsichtig gewesen und hat mich für eine Pflanze angesehen", antwortete der Freiherr. „Ich weiß, was ich weiß; ich habe im Rachen dringesteckt. Wahrheit muß Wahrheit bleiben, und ehrlich währt am längsten. Wo blieb ich stehn?

Nilpferd. Zeichnung von F. Richter, 1843

Ja, in Afrika. Warum soll ich Sie aber mit solchen Kleinigkeiten aufhalten? Ich war bald afrikamüde, wie ich europamüde gewesen war, beschloß daher, nach Amerika zu reisen, vorher aber einen Abstecher nach Deutschland und England zu machen, wohin mich verschiedne Gründe riefen".

AW 2/373

Pückler antwortet Jahre später in seinem Buch „Aus Mehemed Alis Reich", nachdem er eine Begegnung mit einem Nilpferd schilderte, ebenfalls parodierend, dass die Episode

...durch kabbalistische Magie unsrem verehrten preußischen Regierungsrat, Herrn Karl Immermann, schon lange vor meiner Enthüllung dieser Begebenheit bekannt und dann von ihm in den Analen seines Münchhausen so geistreich variiert wurde, als es mir selbst unmöglich hätte gelingen können. Nur dagegen muß ich protestieren, daß der Nilochse mich verschlungen und wieder ausgespien habe. Eine solche Ehre würde mir eine zu große Ähnlichkeit mit dem Propheten Jonas geben, was meine Bescheidenheit zurückweisen muß.

Karl Immermann (1838 an Varnhagen):
... vermag ich dem Fürsten Pückler die hohe Stelle, welche Sie ihm vindicieren *(zuerkennen)*, in meiner Anerkennung nicht zu geben. Ich bin mir bewußt, seine Sachen ohne Vorurteil gelesen zu haben, d. h., die ersten Briefe; denn, frei gestanden, das Spätere ... schien mir gar zu korkartig leicht, um die Lektüre vollenden zu können.

Heinrich Laube über Pücklers Pferde

Ohne eine Spur von Ermattung

HEINRICH LAUBE

Heinrich Laube (1806 - 1884), Publizist, Dramaturg und Romanschriftsteller; zeitweilig Wortführer der politisch-literarischen Bewegung des Vormärz „Junges Deutschland". 1837 wegen Verbreitung „aufrührerischen Gedankengutes" zu eineinhalb Jahren Festungsstrafe verurteilt, die er dank der Fürsprache von Lucie und Hermann von Pückler im Amtshaus, dem Alten Schloß von Muskau, verbringen konnte. Hier entstanden große Teile seiner vierbändigen „Geschichte der deutschen Literatur". Vier Jahre später schrieb er im Jagdhaus bei Weißwasser, wohin ihn Pückler eingeladen hatte, sein Drama „Monaldeschi" sowie Vorarbeiten zum Aufsatz „Die arabischen Pferde des Fürsten Pückler". Laube besorgte später zusammen mit Heinrich Heine die französische Ausgabe von Pücklers „Andeutungen über Landschaftsgärtnerei".

■

Fürst Pückler begann seine Ankäufe orientalischer Rosse mit einer Pferdegattung, die bei uns völlig unbekannt ist. Südlich von Ägypten, in Dongola, gibt es außerordentlich große Pferde. Diese dongolesischen Pferde sind so groß wie unsere größten Holsteiner, haben ein abschüssiges Kreuz, einen niedrig angesetzten Schweif, einen Ramskopf und langen Schwanenhals. Sie sind sehr gewandt und schnell, aber - sie sind ohne alle Ausdauer. Die drei Pferde, welche der Fürst in Berber und Dongola gekauft und zwar ziemlich teuer gekauft hat, hielten nicht einmal den Marsch bis Kairo aus. Sie kamen in verschlagenem Zustande an, und er verschenkte oder verkaufte sie.
Die Rasse ist ganz eigentümlich. Auch Mehemed Ali hat mit dongolesischen Hengsten Versuche gemacht in seinem Gestüte; aber ohne allen Erfolg.
Bei dieser Gelegenheit fragte ich den Fürsten, ob er denn das arabische Pferd uneingeschränkt für das beste Pferd halte, und er erwiderte mir, daß er überhaupt nicht auf so unbedingte Weise klassifiziere. Er habe sich zum Beispiel so lange und so aufmerksam mit englischen Pferden beschäftigt, daß er deren außerordentliche Vorzüge sehr wohl zu schätzen wisse, und daß ihm nur der vorschnelle Parteiverstand nachsagen könne, er zöge unter jeder Bedingung das arabische Pferd vor. Er mißbillige nur die seit längerer Zeit einreißende einseitige Züchtung mit englischen Pferden und halte allerdings das arabische Pferd für schöner, anmutiger und bequemer, und wenn man arabische Pferde besessen habe und besitzen könne, so sei es ihm unbegreiflich, wie man für den täglichen Gebrauch ein englisches Pferd wählen könne. Es seien ihm übrigens in Tunis und Alexandrien Proben vorgekommen, nach denen die eigentlich besten Pferde im Innern Afrika zu suchen seien, wenn man nämlich unter besten Pferden die tüchtigsten verstehe. Ich bemerkte, daß ich bei Algier berberische Pferde gesehen, die von bewundernswerter

ILLUSTRATION ZU HEINRICH LAUBE: „DIE ARABISCHEN PFERDE DES FÜRSTEN PÜCKLER"

Tüchtigkeit gewesen in Knochen und Ausdauer. Allerdings nicht ohne Schönheitsfehler und besonders von abfallender Kroupe und schlecht angesetztem Schweife. Der Fürst bestätigte dies, und meinte, es sei dies vielleicht noch die alte numidische Rasse, von welcher die Römer sprechen, und es bestehe auch wohl noch eine gewisse Verwandschaft mit denen im innern Afrika, die er eben erwähnen wollte.

Von einer dieser afrikanischen Rassen stamme auch wahrscheinlich das englische Pferd, denn Karl II., unter welchem die Pferdezucht in England begann, ließ eben orientalische Pferde kommen; und darunter waren denn wohl Barbern, wie man sie damals nannte, Berbern, wie wir jetzt sagen. Kurz, der Kaiser von Marokko habe

Wo ist Pückler jetzt? Im Morgenland, im Abendland?

Wehmütig tollste Grüße von Heine

HEINRICH HEINE ÜBER PÜCKLER: „MEIN DEMOKRATISMUS WIRD DIESEN ADLIGEN WENIG VERLETZEN, DA ER NICHT, WIE DIE ANDEREN, AUF SEINEM STAMMBAUM ZU STEHEN BRAUCHT, UM ÜBER DIE GEWÖHNLICHEN KÖPFE HERVORZURAGEN... ER HAT DIE FRÖMMLER KÖSTLICH GEGEISSELT."

damals dem Bey von Tunis ein solches Pferd aus dem Innern Afrika geschenkt. Überhaupt seien, soviel ihm bekannt, nur von Marokko aus wenige solche Pferde nach der Nordküste Afrika's gekommen, weil sie bei schwarzen kriegerischen Stämmen zu Hause sind, mit denen kein regelmäßiger Verkehr stattfindet. In Alexandrien hat der Fürst ein zweites gefunden und geritten. Eins ist schon dreißig Jahr alt gewesen, aber noch von unverwüstlicher Kraft und Ausdauer. Sie sind groß, ihre Kroupe ist nicht ganz so schön wie die der arabischen und sie tragen den Schweif nur wenig. Ihre Kraft in Knochen, Sehnen und Atem übertreffe Alles, was er je von Pferden kennengelernt. Er habe dies Pferd bei Alexandrien vier Stunden lang in glühender Sonnenhitze fast unausgesetzt train de chasse *(im Jagdschritt)* geritten, ohne daß sich eine Spur von Ermattung gezeigt. Im Gegenteil sei es nur immer feuriger geworden, und der Reiter sei von der heftigen Bewegung, welche die Kraft des Rosses hervorgebracht, genötigt worden, halb ohnmächtig von weiterem Probieren abzustehn.
In den hippologischen Blättern hat vor einiger Zeit ein ziemlich törichter und vielfach unrichtiger Bericht über des Fürsten arabische Pferde gestanden. So viel ich mich erinnere, ist der Berichterstatter dergestalt im Sport-Jargon befangen, daß er fragen zu müssen glaubt, ob man bei arabischen Pferden von „Vollblut" sprechen könne. Ein vierundzwanzigstündiger Ritt auf solch einem afrikanischen Rosse dürfte geeignet sein, ihm die Schülergedanken über Vollblut ein wenig durcheinander zu schütteln.

HEINRICH LAUBE ALS ERSCHROCKENER ANGLER. KARIKATUR VON ALEXANDER VON STERNBERG (SYLVAN)

Heinrich Heine (1797 - 1856), deutscher Dichter, pflegt mit Pückler einen Briefwechsel zwischen 1834 und 1854. Pückler unterstützt (wie Ferdinand Lassalle) Heines Anspruch auf eine Rente, die ihm sein Vetter Carl, Bankier in Hamburg, nicht mehr zahlen will. Pückler vermittelt auch zwischen Heine und Verleger Campe. Heine widmet sein letztes großes Werk „Lutezia. Berichte über Politik, Kunst und Volksleben", das 1855 in Hamburg erscheint, "Seiner Durchlaucht dem Fürsten Pückler-Muskau". Pückler, der im April 1854 Heine **in Paris besucht**, schreibt im September des selben Jahres an den Dichter: „Wahrlich, wie man Friedrich dem Großen unter allen Königen den Namen des Einzigen beigelegt hat, so verdienen Sie ihn unter den Schriftstellern..., und was gleichfalls sehr zu bewundern ist, daß ein Genie Ihrer Art mit so unerschöpflich sprudelndem Witz, so leichter graziöser Form, und so tief ergötzlichem Humor in Deutschland - dem schwerfälligen, pedantischen Deutschland - zur Welt kommen konnte!"
Heines Zueignungsbrief an den Fürsten in Branitz ist dem 2. Band der „Lutezia" vorangestellt.

Die Reisenden, welche irgendeinen durch Kunst oder historische Erinnerung denkwürdigen Ort besuchen, pflegen hier an Mauern und Wänden ihre respektiven Namen zu inskribieren, mehr oder minder leserlich, je nachdem das Schreibmaterial war, das ihnen zu Gebote stand. Sentimentale Seelen sudeln hinzu auch einige pathetische Zeilen gereimter oder ungereimter Gefühle. In diesem Wust von Inschriften wird unsre Aufmerksamkeit plötzlich in Anspruch genommen von zwei Namen, die nebeneinander eingegraben sind; Jahreszahl und Monatstag stehen darunter, und um Namen und Datum schlängelt sich ein ovaler Kreis, der einen Kranz von Eichen- oder Lorbeerblättern vorstellen soll. Sind den späteren Besuchern des Ortes die Personen bekannt, denen jene zwei Namen angehören, so rufen sie ein heiteres: ‚Sieh da!' Und sie machen dabei die tiefsinnige Bemerkung, daß jene beiden also einander nicht fremd gewesen, daß sie wenigstens einmal auf derselben Stelle einander nahe gestanden, daß sie sich im Raum wie in der Zeit zusammengefunden, sie, die so gut zusammenpaßten. - Und nun werden über beide Glossen gemacht, die wir leicht erraten, aber hier nicht mitteilen wollen. Indem ich, mein hochgefeierter und wahlverwandter Zeitgenosse, durch die Widmung dieses Buches gleichsam auf die Fassade desselben unsre beiden Namen inskribiere, folge ich nur einer heiter gaukelnden Laune des Gemütes, und wenn meinem Sinne irgend ein bestimmter Beweggrund vorschwebt, so ist es allenfalls der obenerwähnte Brauch der Reisenden. - Ja, Reisende waren wir beide auf diesem Erdball, das war unsre irdische Spezialität, und diejenigen, welche nach uns kommen und in diesem Buche den Kranz sehen, wo-

DIE FRANZÖSISCHE AUSGABE DER PÜCKLER GEWIDMETEN „LUTEZIA": „WÄHREND VIER WOCHEN SPRACH PARIS VON DIESEM BUCH" (HEINE AN CAMPE, 1855)

mit ich unsre beiden Namen umschlungen, gewinnen wenigstens ein authentisches Datum unsres zeitlichen Zusammentreffens, und sie mögen nach Belieben darüber glossieren, inwieweit der Verfasser der „Briefe eines Verstorbenen" und der Berichterstatter der „Lutezia" zusammenpaßten.

Der Meister, dem ich dieses Buch zueigne, versteht das Handwerk und kennt die ungünstigen Umstände, unter welchen der Autor schrieb. Er kennt das Bett, in welchem meine Geisteskinder das Licht erblickten, das Augsburgische **Prokrustesbett**, wo man ihnen manchmal die allzu langen Beine und nicht selten sogar den Kopf abschnitt. Um unbildlich zu sprechen, das vorliegende Buch besteht zum größten Teil aus Tagesberichten, welche ich vor geraumer Zeit in der „Augsburgischen Allgemeinen Zeitung" drucken ließ. Von vielen hatte ich Brouillons *(Entwürfe)* zurückbehalten, wonach ich jetzt, bei dem neuen Abdruck, die unterdrückten oder veränderten Stellen restaurierte. Leider erlaubt mir nicht der Zustand meiner Augen, mich mit vielen solcher Restaurationen zu befassen; ich konnte mich aus dem verwitterten Papierwust nicht mehr herausfinden. ...

Um die betrübsamen Berichterstattungen zu erheitern, verwob ich sie mit Schilderungen aus dem Gebiete der Kunst und der Wissenschaft, aus den Tanzsälen der guten und der schlechten Sozietät, und wenn ich unter solchen Arabesken manche allzu närrische Virtuosenfratze gezeichnet, so geschah es nicht, um irgendeinem längst verschollenen Biedermann des Pianoforte oder der Maultrommel ein Herzeleid zuzufügen, sondern um das Bild der Zeit selbst in seinen kleinsten Nuancen zu liefern.

Ich erwähne dies alles, damit ich für mein Werk ein solides Verdienst vindiziere *(beansprache)* und der Leser um so nachsichtiger sein möge, wenn er darin wieder jenen frivolen Esprit bemerkt, den unsre kerndeutschen, ich möchte sagen eicheldeutschen Landsleute auch dem Verfasser der „Briefe eines Verstorbenen" vorgeworfen haben. Indem ich demselben mein Buch zueigne, kann ich wohl in bezug auf den darin enthaltenen Esprit heute von mir sagen, daß ich Eulen nach Athen bringe.

Prokrustes: Unhold der griechischen Sage, der Wanderer in ein Bett zwang, wo er überstehende Gliedmaßen abhieb oder zu kurze mit Gewalt streckte; im übertragenen Sinne: Schema, in das etwas gezwängt wird

Aber wo befindet sich in diesem Augenblick der vielverehrte und viel teure Verstorbene? Wohin adressiere ich mein Buch? Wo ist er? Wo weilt er, oder vielmehr wo galoppiert er, wo trottiert er? Er, der romantische Anacharsis *(ein reiselustiger skythischer Adliger)*, der fashionabelste *(eleganteste)* aller Sonderlinge, Diogenes zu Pferde, dem ein eleganter Groom *(Diener)* die Laterne vorträgt, womit er einen Menschen sucht. - Sucht er ihn in Sandomir oder in Sandomich *(Pücklers Spottname für Berlin)*, wo ihm der große Wind, der durch das Brandenburger Tor weht, die Laterne ausbläst?

Oder trabt er jetzt auf dem höckerigen Rücken eines Kamels durch die arabische Sandwüste, wo der langbeinige Hut-Hut *(Wiedehopf)*, den die deutschen Dragomanen *(Dolmetscher)* den Legationssekretär von Wiedehopf nennen, an ihm vorüberläuft, um seiner Gebieterin, der Königin von Saba, die Ankunft des hohen Gastes zu verkünden - denn die alte fabelhafte Person erwartet den weltberühmten Touristen auf einer schönen Oase in Äthiopien, wo sie mit ihm unter wehenden Fächerpalmen und plätschernden Springbrunnen frühstücken und kokettieren will, wie einst auch die verstorbene Lady Esther Stanhope getan, die ebenfalls viele kluge Rätselsprüche wußte - apropos: Aus den Memoiren, welche ein Engländer nach dem Tode dieser berühmten Sultanin der Wüste herausgegeben, habe ich nicht ohne Verwunderung gelesen, daß die hohe Dame, als Ew. Durchlaucht sie auf dem Libanon besuchten, auch von mir sprach und der Meinung gewesen, ich sei der Stifter einer neuen Religion. Du lieber Himmel! Da sehe ich, wie schlecht man in Asien über mich unterrichtet ist! -

Der „Calcutta Advertiser" bemerkt, daß der erlauchte Reisende sich wahrscheinlich nach dem Berge Kaf begab, um dem Vogel Simurgh *(der Vogel der persischen Sage; hier ist Fürst Metternich gemeint)*, der dort haust, seinen Besuch abzustatten und mit ihm über antediluvianische Politik zu plaudern. - Aber der alte Simurgh, der Dekan der Diplomaten, der Ex-Wesir so vieler präadamitischer Sultane, die alle weiße Röcke und rote Hosen getragen, residiert er nicht während der Sommermonate auf seinem Schloß Johannesberg am Rhein? Ich habe den Wein, der dort wächst, immer für den besten gehalten, und für einen gar klugen Vogel hielt ich immer den Herrn des Johannisbergs *(Metternichs Sommerresidenz am Rhein)*, aber mein Respekt hat sich noch vermehrt, seitdem ich weiß, in welchem hohen Grade er meine Gedichte liebt, und daß er einst Ew. Durchlaucht erzählte, wie er bei der Lektüre derselben zuweilen Tränen vergossen habe. Ich wollte, er läse auch einmal zur Abwechslung die Gedichte meiner Parnaßgenossen, der heutigen Gesinnungspoeten; er wird freilich bei dieser Lektüre nicht weinen, aber desto herzlicher lachen.

Jedoch noch immer weiß ich nicht ganz bestimmt den Aufenthaltsort des

GEORG HERWEGH
ATTACKIERT DEN TOTEN RITTER

Zieh heim an deine Spree

GEORG HERWEGH

Verstorbenen, des lebendigsten aller Verstorbenen, der soviel Titularlebendige überlebt hat. - Wo ist er jetzt? Im Abendland oder im Morgenland? In China oder in England? In Hosen von Nanking oder von Manchester? In Vorderasien oder in Hinterpommern? Muß ich mein Buch nach Kyritz adressieren oder nach Timbuktu poste-restante? - Gleichviel, wo er auch sei, überall verfolgen ihn die heiter treuherzigsten und wehmütig tollsten Grüße seines ergebenen
Heinrich Heine.
Paris, den 23. August 1854.
Aus: Heinrich Heine. Lutezia. Hrsg. Tilly Bergner, Inselverlag, Leipzig 1959

Georg Herwegh (1817-1875), deutscher Dichter, führender Vertreter der **politischen Lyrik** des Vormärz, aktiv am badischen Aufstand 1848 beteiligt.
Mit seinen „Gedichten eines Lebendigen", die dem revolutionären Zeitgeist verpflichtet sind, greift er den „Verstorbenen" direkt an. Für den politischen Dichter Herwegh ist **Pückler ein adliger Reaktionär**, der mit dem Tyrannen Mehemed Ali, Statthalter des „Reichs der Mamelucken" (Ägypten), gemeinsame Sache macht und in seinen Reisebüchern dessen Herrschaftssystem verteidigt. Für viele deutsche Sozialisten und Liberale galt das „Türkenjoch" als Sinnbild von Reaktion und Unterdrückung.

LADY HESTER (ESTHER) STANHOPE (1776-1839), NICHTE DES BRITISCHEN PEMIERMINISTERS WILLIAM PITT, LEBTE SEIT 1810 IM TÜRKISCHEN LIBANON. VON ARABISCHEN FREIHEITSKÄMPFERN ZUR KÖNIGIN VON PALMYRA AUSGERUFEN, GALT SIE ALS EXZENTRIKERIN UND ASTROLOGIN. PÜCKLER WAR 1838 ACHT TAGE LANG GAST DER 62JÄHRIGEN AUF IHREM SCHLOSS BEI BEIRUT.

O RITTER, TOTER RITTER,

Leg deine Lanze ein!
Sie soll in tausend Splitter
Von mir zertrümmert sein.
Heran auf deinem Rappen,
Du bist ein arger Schalk,
Trotz Knappen und trotz Wappen
Trotz Falk und Katafalk!

Ich steh nicht bei dem Trosse,
Der räuchernd vor dir schweigt,
Weil du ein Herz für Rosse
Und fürs Kamel gezeigt;
Baschkire oder Mandschu -
Was schiert mich deine Welt?
Ich schleudre meinen Handschuh
Dir in dein ödes Zelt.

Dem Reich der Mamelucken
Weissagst du Auferstehen,
Und sähest ohne Zucken
Dein Vaterland vergehn;
Doch wiegtest unter Palmen
Du dein Prophetenhaupt,
Wenn nicht aus unsern Halmen
Du erst dein Gold geraubt?

Du steuerst nun so lange
Im Weltmeer aus und ein,
Und ward es nie dir bange,
Daß du so klein, so klein?
Ist er dir nie erschienen,
Der Fürst von Ithaka,
Wenn deine Sündermienen
In seinem Reich er sah?

Und sprach er nie mit Grollen:
„Fort aus dem freien Meer!
Wirf nicht in seinen Schollen
Dein Lügenkorn umher!
Zieh heim an deine Pleiße,
Zieh heim an deine Spree;
Nicht jede Fürstenreise
Ist eine Odyssee."

Der Jugendfreund Schefer

Und wer Macht hat, der hat recht

Leopold Schefer über seinen Freund und Gönner Pückler um 1814:
„Von Pferden zu Wein und Gelag
von Fest zu Mädchen
von Mädchen zum Ball
vom Ball zu Jagd und wieder zu Fest"

Wohl ist er unerreichbar,
Der göttliche Ulyß,
Doch bist du ihm vergleichbar
Am wenigsten gewiß.
Im Saus nicht und im Brause
Hat er die Zeit verdehnt,
Er hat sich stets nach Hause
Zu Weib und Volk gesehnt.

Für deines Volkes Rechte,
Wie fochtest du so schlecht!
Du standest im Gefechte -
Ja, für das Türkenrecht;
Du stirbst auch auf dem Schilde,
Ja, auf dem Wappenschild;
Klag nicht, daß deine Gilde
Fortan bei uns nichts gilt!

Den Marmor bringt Carrara
Noch nicht für den hervor,
An den der Niagara
Den Donner selbst verlor,
Der nur in alle Ferne
Zu seiner Schmach gereist
Und noch vor Gottes Sternen
Auf seine Sternchen weist.

O Ritter, schlechter Ritter,
Leg deine Lanze ein!
Sie soll in tausend Splitter
Von mir zertrümmert sein.
Laß ab, laß ab und spähe
Nicht nach der Wüste Sand!
Ich setze in der Nähe
Dich in dein Vaterland.

AW 2/376

Leopold Schefer (1784 - 1862), Dichter, Komponist, Generalinspektor der Muskauer Besitzungen. Seit früher Jugend **mit Pückler befreundet**. Pückler gibt ohne Verfasserangabe Schefers Gedichte heraus - die dieser Pücklers jüngerer Schwester Agnes gewidmet hat. Als Verwalter drängt Schefer den Standesherrn von Muskau immer wieder dazu, sich mehr der **Landwirtschaft** zu widmen. Schefer, der eine kleine Leibrente von Pückler bezieht, betätigt sich ab 1819 als freier Schriftsteller, schreibt Taschenbücher, Almanache, Reisejournale, Novellen, kleine Romane. Bekannt wird er vor allem mit seinem 1834 erschienenen „Laienbrevier" - eine Art immerwährender Kalender mit erbaulichen Sprüchen (das bis 1898 in 19 Auflagen herauskommt). Pückler hatte recht, als er nach Erscheinen des Buches prophezeit: „Dies Buch wird ein **Volksbuch** werden, nicht für den Plebs aller Klassen, aber für alle Edlere darunter ..."

In der Welt sein Glück zu machen,
braucht es drei sehr rare Sachen:
Erstens Geld, und zweitens - Geld!
Drittens Geld! Geld schreit die Welt!
*
Die Augen können trügen,
die Worte können lügen,
Geschenke, die man gibt.
Ein Kuß nicht? - Auch !- Doch wisset:
Wer nie dich recht geküsset,
hat nie dich recht geliebt!
*
Adel war von je auf Erden
stets ein besseres Geschlecht;
Was man nicht ist, kann man werden,
und wer Macht hat, der hat recht.

(Aus Leopold Schefer: „Laienbrevier")

Schefer schreibt an seinen Herrn
Konstantinopel, den 1. Mai 1819

Hochgeborener Graf,
Gnädigster Herr Graf,
Seit einigen Tagen bin ich hier in Konstantinopel, die schöngelegene Stadt der Erde, und überall bezaubernd ... Alle Schlösser und Mauern in der Türkei sind so reinlich und weiß abgeputzt, wie wenn sie eben fertig geworden wären... Eben ging die Sonne prächtig über Anatolien auf, als unser Schiff hineinfuhr. Unten am Meer steht ein bloßes Kaffeehaus des Sultans von lauter edlen Steinen bekleidet, was groß wie ein Palast ist. Die Stadt ist unübersehlich, man zählt anderthalb Millionen Menschen.

Varnhagen von Ense verteidigt Pückler

Karl August Varnhagen von Ense

Unangenehme Wahrheiten ins Gesicht gesagt

Karl August Varnhagen von Ense (1785 - 1859), preußischer Diplomat, Publizist; mit 39 Jahren bereits wegen liberaler Gesinnung und Äußerungen - in den Ruhestand versetzt. Varnhagen gehört zu den wesentlichen **Förderern** der Pücklerschen Schriftstellerei, er gehörte mit Lucie von Pückler und Pücklers Jugendfreund Leopold Schefer zu den Bearbeitern und Herausgebern der Pücklerschriften. Der adlige Pensionär ist bis zu seinem Tode **Pücklers Berater und Kritiker**, eine Aufgabe, die später dessen Nichte Ludmilla Assing übernimmt. Varnhagens Pückler-Verteidigung entstammt dem 1838 in Mannheim veröffentlichten Buch „Denkwürdigkeiten und vermischte Schriften".

... Übrigens sieht man Weiber und Mädchen genug, die sich nach den jungen Männern sogar umwenden, wie kaum in einer anderen Stadt. Das ist aber ein schlimmes Zeichen; denn wenn sie besäßen, würden sie nicht wünschen. Dieser Tage hingen sie hier einen französischen Arzt vor einem türkischen Hause auf. Das Volk bestand darauf. Der Mann selber verteidigte seine Frau; aber es half nichts, er mußte hängen, sie ist entflohen, ohne gesäckt zu werden. Dagegen ist die abscheuliche Liebe schöner Knaben unbestraft, und so üblich, daß sich 4 - 5 schöne Kinder um einen Rubio ... einem ohne Scham anbieten. Mädchen werden nicht geduldet; fast täglich gehen Boote ab mit 4, 5, 6, die auf wüste kleine Inseln im Archipel ausgesetzt werden.
Ich bin überzeugt, daß ich durch meine treuen und aufrichtigen Erzählungen den Herrn Grafen noch einmal flott mache! Durch Ihre glücklichen Verbindungen steht Ihnen so manches nahe. Vielleicht auch die Gesandschaft von Konstantinopel nach einigen Jahren ...
Erlauben Sie mir gnädigst mit der größten Ehrerbietung mich zu nennen Ew. Hochgeboren
ganz untertänigster Diener Leopold Schefer
BT 5/472

Pückler versuchte seinem Freund Schefer einen **Adelstitel** zu verschaffen - doch dieser **lehnte ab.**

Die Teilnahme für den genialen Reisenden, das Verlangen nach seinen Mitteilungen und die bewundernde Anerkennung derselben regen sich mit neuer Kraft. Die Deutschen sind wunderlicher Art; leicht sind sie hingerissen, dann werden sie plötzlich scheu und mißtrauisch, und zuletzt harren sie doch treu und fest in der Gesinnung aus, zu der in ihrer selten täuschenden ersten Empfindung der Anlaß gegeben war. So geht es auch mit der literarischen - denn von dieser kann hier nur die Rede sein - Erscheinung des Fürsten von Pückler. Bald nach seinem ersten Auftreten, das in betreff der Sensation, der Aufnahme und des Erfolgs fast beispiellos zu nennen ist, brach die Julirevolution in Frankreich aus und setzte auch in den Nachbarländern die bis dahin festbegründeten Meinungen und Urteile in unseliges Schwanken und trostlose Verwirrung. Der demokratische Kampf - wir können es nicht besser bezeichnen -, der sich in den literarischen Richtungen spüren ließ, wirkte notwendig auch auf die Urteile ein, die über die Schriften gefällt wurden. Man sah nun hauptsächlich den Fürsten in ihm, und mit entschiedenem Mißtrauen, das durch das preisende Wort Goethes - auch eines Fürsten in seiner Art - noch vermehrt wurde; man glaubte die Literatur vor einer gefahrvollen aristokratischen Invasion und Suprematie *(Überordnung)* bewahren zu müssen. Börne war ehrlich genug, dies gerade herauszusagen und zu gestehen, daß die Wappenvögel des Autors und das Lob von Goethe ihn gegen das Buch eingenommen hätten, in welchem er, mit verstockter, blinder Befangenheit, nun auch die Bestandteile nicht erkannte oder doch nicht nach Verdienst würdigte, die auch er nach seiner Denkart sonst hätte preisen und rühmen müssen. Viele andere mißliebige Stimmen sind seitdem laut geworden, aus dunklen Winkeln meist, wo die

dürftigste Beschränkung, die kleinlichste Leidenschaft herrscht, wo trüber Neid, verletzte Eitelkeit, selbstsüchtige Absicht, eingeflüsterter fremder Eifer und eine bei allem ihrem Trotz doch verzagte Bosheit ihr trauriges Wesen treiben. Was kam da nicht alles an den Tag! Man glaubte dem Fürsten von Pückler sogar solche Vorwürfe machen zu dürfen, von denen eher das Gegenteil ihm Schuld gegeben werden könnte.

Die Einfalt ging so weit, ihm Gefallsucht vorzuwerfen, ein Buhlen um die Gunst der Lesewelt! Und niemand hat ganzen Klassen seiner Landsleute scheuloser unangenehme Wahrheiten ins Gesicht gesagt, niemand leichter über bedeutende Einflüsse, die schaden konnten und geschadet haben, sich hinweggesetzt, niemand weniger um das Urteil der Menge sich bekümmert! Auch zeigt sich das in der Tatsache der allgemeinen Aufmerksamkeit und der allgemeinen Achtung, welche gerade das große Publikum im Gegensatze jener kleinen Kritiker für die Schriften des Fürsten hegt; denn das große Publikum pflegt diejenigen Autoren, die ihm schmeicheln, wenig zu lieben, sondern im Gegenteil die, welche es tadeln, ihm die Wahrheit sagen, es nicht berücksichtigen. Deswegen möchten die Gegner am liebsten diesen Vorwurf geltend erhalten und den Leuten einreden, der Autor sei gefallsüchtig.

Der bessere Sinn aber unterscheidet sehr wohl häßliche Gefallsucht und das heitere Behagen, welches jedem Menschen an seiner eigenen Natur, seinem Tun und Gelingen zu haben so erlaubt wie anständig ist. Dieses Behagen nun hat der Fürst von Pückler und wird es behalten, trotz aller Scheelsucht derer, die sich in der eigenen Haut und in der eigenen Lage nicht so fühlen können. Andere haben ihm zum Vorwurfe gemacht, daß, wo er vaterländische Gegenstände bespreche, er weniger anziehend sei; als ob die Mark und Schlesien und Franken sich mit dem Weltleben von London und Paris, mit den Szenen von Wales, Schottland, Irland, den Pyrenäen, Algier und Tunis vergleichen ließen!

Varnhagen von Enses Erstausgabe der „Denkwürdigkeiten..."

Noch andere haben gar die gelegentlichen Gedankenbekenntnisse eines geistreichen Weltmannes vor den Richterstuhl einer bestimmten kirchlichen Orthodoxie ziehen und untersuchen wollen, wiefern die Ansichten dieses Weltmannes gerade mit ihr übereinstimmen. Als ob man Datteln vom Weinstock zu pflücken oder zu erwarten berechtigt wäre! Solche Forderungen machen denn wohl gar Leute, die, selbst angeblich Weinstöcke, doch nicht einmal Trauben bringen, geschweige Datteln! Genug, die kleine Kritik - die obskure, anonyme, einseitige, befangene - hat sich auf alle Weise an den Fürsten gehängt und ihn durch ihr Gewicht herabzuziehen gesucht - aber mitnichten! Er hat seinen Flug ungehindert fortgesetzt und es wohl kaum bemerkt, was für Spinnweben er zerrissen und mit sich geführt.

Die eigentliche Lesewelt, die höhere und geistig gebildete, ist hingegen dem Fürsten vollkommen treu geblieben, wie er ihr. Und auch in den literarischen Kreisen, wo es vielleicht eine Zeitlang gelungen war, seinen Namen in etwa zu verdunkeln, besonders gegen seine Aristokratie mißtrauisch zu machen, erhellt sich die Luft wieder, und alles stellt sich in das richtige, für die Dauer geordnete und durch sie hoffentlich noch in späten Zeiten gerechtfertigte Verhältnis. Die Eigentümlichkeit des Fürsten, sein Freiblick, Unternehmungsgeist, sein vielseitiger Mut und daneben seine liebenswürdige Grazie und Feinheit, sein unvergleichliches Darstellungstalent wie sein persönliches Verdienst und seine bedeutungsvolle Stellung in unserer Literatur, sowohl nach innen als auch gegen das Ausland hin, werden aufs neue mit entschiedener Überlegenheit hervorgehoben, anerkannt, gewürdigt. Dem ausgezeichneten Aufsatz von Mundt im deutschen Taschenbuche haben wir in diesem Betreff auch ein Wort von Laube beizurechnen, das in einem der neuesten Blätter der Mitternachtzeitung ausgesprochen steht.

Hier wird mit der eigentümlichen kräftigen Auffassungsgabe, welche den genannten Schriftsteller auszeichnet, die literarische Stellung und wahre Bedeutung des Fürsten von Pückler in das hellste Licht gebracht und unwiderleglich dargetan, welchen Schatz wir an diesem vornehmen, dem höheren Weltleben und allen seinen Begünstigungen angehörigen Element besitzen, das aus den Mitteilungen des Fürsten so merkwürdig und ausgezeichnet in unsere vielfach bedrängte Literatur einströmt, während gleichzeitig andere Bemühungen und Gaben aus derselben Sphäre wohltätig dahin mitwirken, unsere derbe, volksmäßige Bildung mit der einer feineren Geselligkeit und höheren Weltstellung auszugleichen, zu vermischen, wodurch allein erst eine wahrhaft nationale Literatur entstehen kann, die nicht nur den Hütten und ebenfalls den Wohnhäusern des Mittelstandes, sondern auch den Palästen der Vornehmen und Großen gemeinsam ist, wie wir dies bei andern Nationen zu ihrem größten Vorteile schon immer verwirklicht sahen.

AW 2/ 370

Ausgegangen mit Ludmilla. Besuch beim Fürsten von Pückler... Er gibt uns einen Brief zu lesen, den er an einen Vetter geschrieben hat, worin er bekennt, daß ihn das Leben nicht mehr reizt, das er es zu lang findet, und das Aufhören fast herbeiwünscht, aber gar nicht aus Trübsinn oder Schwermut, sondern ganz heiter, und auch noch ganz vergnügt mit dem Leben spielend, wenn die Gelegenheit sich gibt... Er beklagt, daß er niemand habe, der ihn liebt, eine gute Tochter würde ihn beglüken, der könnte er viel zu Gefallen tun. Seine Unabhängigkeit war ihm sonst das Liebste, jetzt möchte er gern etwas Abhängigkeit, daß er sich aus dem Urteil anderer nichts mache, sei meist nur angenommener Schein gewesen, bekennt er aufrichtig...

Varnhagen im Tagebuch, 17. September 1858

BT 3/472

**GRAF SMORLTORK
SAMMELT MATERIAL ÜBER ENGLAND
CHARLES DICKENS SCHREIBT EINE
SATIRE**

ILLUSTRATION VON HABLOT KNIGHT BROWNE
AUS „DIE PICKWICKIER"

Wundervoller Mensch, dieser Graf...

Während der Englandreise sind sich Pückler und der junge Dickens im Jahre 1827 offenbar flüchtig in Cobham Hall in der **Grafschaft Kent** begegnet. In den Romanen von Charles Dickens (1812-1870), mischen sich Gesellschaftskritik mit Humor, falsches und echtes Pathos auf seltene Weise. Berühmt wurde Dickens mit seinem Roman „Die Pickwickier", der 1837 erschien. Pückler taucht darin als **Count Smorltork**, Graf Geschwätz (verballhornt aus small Talk = Plauderei), auf, als berühmter Ausländer und Adelsmann, dessen Englisch zu wünschen übrig läßt, der in Windeseile das Land durchstreift und daraus ein dickes Buch machen will. **Eine Satire** auf Pückler und die feine englische Gesellschaft, die von diesem Mann fasziniert ist.
Im folgenden Auszug aus dem Roman (Übertragung von Christine Hoeppener, Rütten & Loening Berlin 1986) wird der Count Smorltork zum **Grafen Brabbelstrom.**

„Graf, Graf", schrie nun Mrs. Leo Hunter einem Menschen in ausländischer Uniform und prächtigem Backenbart zu, der vorbeiging.
„Ah! Sie wünschen mich ?" fragte der Graf und kam zurück.
„Ich möchte zwei überaus geistvolle Menschen miteinander bekannt machen", sagte Mrs. Leo Hunter. „Mr. Pickwick, ich habe die große Freude, Sie Graf Brabbelstrom vorzustellen." Und überstürzt wisperte sie Mr. Pickwick zu: „Der berühmte Ausländer - sammelt Stoff für sein großes Werk über England - ahmen! - Graf Brabbelstrom, Mr. Pickwick."
Mr. Pickwick begrüßte den Grafen mit aller einem so großen Manne gebührenden Hochachtung, und der Graf zückte ein Notizbuch.
„Wie Sie sagen, Mrs. Hund?", fragte der Graf die beglückte Mrs. Leo Hunter mit huldvollem Lächeln. „Dick Wig oder Tick Wig - Wig englisch Perück - Dick Perück - was Sie nennen Rechtsgelehrter - was? Ich verstehen. Dick Perück", und der Graf schickte sich an, Mr. Pickwick seinem Notizbuch als einen Juristen einzuverleiben, der seinen Namen von seinem Beruf ableitete, als sich Mrs. Leo Hunter einmischte. „Nein, nein, Graf", sagte die Dame, „Pickwick."
„Ahjaja, ich verstehen", erwiderte der Graf, „Piek - Taufname, Wieg - Familienname; gutt, serr gutt. Wie fühlen Sie, Wieg?"
„Sehr gut, vielen Dank", antwortete Mr. Pickwick mit seiner ganzen gewohnten Freundlichkeit. „Sind Sie schon lange in England?"
„Lange - serr lange - vierzehn Tage - merr.."
„Bleiben Sie noch lange?" „Ein Woch."
„Sie werden genug zu tun haben", bemerkte Mr. Pickwick lächelnd, „wenn Sie in der Zeit das gewünschte Material zusammentragen wollen."

„Wie? Ist bereits getragen", sagte der Graf.
„Was Sie nicht sagen!" staunte Mr. Pickwick.
„Hier!" fügte der Graf hinzu und tippte sich bedeutungsvoll an die Stirn. „Dickes Buch zu Haus - voll Notizen - Musik, Malerei, Wissenschaft, Posie, Politik, alles."
„Das Wort Politik, Sir", bemerkte Mr. Pickwick, „schließt allein schon ein schwieriges Studium von nicht unbeträchtlichem Umfang ein."
„Ah!" sagte der Graf, abermals das Notizbuch zückend, „serr gutt - schöne Wörter, ein Kapitel um zu beginnen. Kapitel siebenvierzig. Polltik. Das Wort Polltik schießt allein...." Und so wanderte Mr.Pickwicks Bemerkung in das Notizbuch des Grafen Brabbelstrom, so gewandelt und erweitert, wie die wuchernde Phantasie des Grafen nahelegte oder wie es seine unvollkommene Kenntnis der Sprache bewirkte. „Graf", sagte Mrs. Leo Hunter. „Mrs. Hund?"gab der Graf zurück.
„Dies ist Mr. Snodgrass, ein Freund Mr. Pickwicks und ein Dichter."
„Halt!" rief der Graf und holte wieder sein Notizbuch hervor. „Titel: Posie - Kapitel: Literasche Freunde - Name: Schnaubgras; serr gutt. Vorgestellt Schnaubgras - großer Dichter, Freund von Piek Wieg - von Mrs. Hund, wo hübsches Gedicht gedichtet - wie hieß sich gleich ? - Frost - Schneidender Frost - serr gutt - serr gutt wirklich." Und der Graf steckte sein Notizbuch ein und entfernte sich unter mehreren Verbeugungen und Erkenntlichkeiten durchaus befriedigt, seinen Vorrat an Informationen um höchst wichtige und äußerst wertvolle bereichert zu haben.

STEG NACH DEM ENGLISCHEN HAUSE. FARBLITHOGRAPHIE VON GUSTAV TÄUBERT, UM 1850 (AUSSCHNITT)

Wahrlich eine neue Lehre

GRAF VON SAINT-SIMON

Apollonius von Maltitz (1795 - 1870) Sohn des russischen Gesandten in Karlsruhe, langjähriger russischer Geschäftsträger am **Weimarer Hofe**. Maltitz, befreundet mit Varnhagen von Ense und Pückler, widmete dieses Gedicht am 12. September 1854 dem Branitzer Fürsten.

DIESE HAND VERFÄHRT NACH MUSENGUNST

Widmung

Er kam geschritten durch des Parkes Pfade,
Ein Spender er der Schatten und der Lichter,
So wie der Reime König ist der Dichter;
Ihn grüßt Najade, Dryas, Oreade.

So manchen Stamm verdammet er als Richter,
So manchem, schon verurteilt, ruft er: „Gnade",
Zu diesem Wege: „Wandle Du gerade",
Zu jenem aber: „Schlängle nun Dich", spricht er.

Die Schönheit schmücken wollen heißt: Erdreisten.
Doch ihre Locken ordnen darf die Kunst,
Die Blume wählen, die ihr ziemt am meisten.
So läßt Natur von weiser Hand sich leiten,
Und diese Hand verfährt nach Musengunst
Wie keine, welche griff noch in die Saiten.
BT 8/22

Nachdem ich einige Zeit mich repandiert *(von vorn anfangen; hier: sich sammeln)* hatte, brachte ich gestern und heute zu Hause zu, um aufzuräumen, und die Saint-Simon'schen Bücher zu lesen, die mich entzückt haben. Dies ist wahrlich eine neue Lehre, und die klare Erkenntnis einer beginnenden Zeit, wenn auch diese nur ganz langsam sich entfalten sollte in Jahrhunderten. Übrigens steht sie uns noch weiter, und bleibt bloß als ein fernes Meteor zu beschauen, wenn man nicht nach Spandau *(gemeint ist die Festungshaft)* wandern will.
An Varnhagen von Ense, 5.2.1832
BT 3/91

Man verzeihe mir die oft wiederkehrenden Bemerkungen..., sie gehören zu meinem Saint Simonistischen Zweck, der Menschheit nützlich zu werden.
Südöstlicher Bildersaal, 1840
DV 359

Es ist schon wahr, daß ich nur künstlerisch schaffend in meinem wahren Element bin ... Meine Haupteigenschaft ist der Geschmack - der in allem das möglichst Vollkommenste zu erreichen sucht, und es zu finden versteht. Nur gehören hierzu freilich immer bedeutende Mittel, die mir im größten, und Tausende erfreuenden Maße, nur entweder ein sehr kollossaler Reichtum oder eine St. Simonistische Staatsverfassung gewähren können, wo jedem gegeben werden soll, was zu allen gemeinnützigen Taten irgend erforderlich sein kann - nach meiner Ansicht die erhabenste Idee, weil dadurch allein Sitte und Staat mit der Natur in Einklang zu bringen wäre...
BT 9/265

Graf von Saint-Simon, Claude Henri de Rouvroy (1760-1825), Sozialreformer, gilt als Begründer des **utopischen Sozialismus**.
Die von seinen Anhängern gegründete sozialistische Schule betrachtete das Privateigentum an Produktionsmitteln als Grundfehler der bestehenden Gesellschaft. Pückler las Saint Simons Schriften und hat sich in seinem Briefwechsel mehrfach als **Anhänger** der Ideen Saint-Simons bezeichnet.

DAS HOHE SCHLOSS,
DASS OFT SO GLÄNZEND
ERLEUCHTET WAR, STAND STARR
UND SCHAURIG DA...

LUDWIG WILHELM LIERSCH
FOTO: SAMMLUNG LIERSCH

Der Tod des Fürsten

Ludwig Wilhelm Liersch wurde am 2. Juni 1830 als Sohn des Cottbuser Tuchhändlers Samuel Ferdinand Liersch geboren.
Nach dem Studium der Medizin und Naturwissenschaften war er **ab 1855 Arzt**, Wundarzt und Geburtshelfer in Cottbus. Mehrere medizinische Aufsätze, die erste grundlegende Arbeit zur Familiengeschichte der Lierschs und zahlreiche Beiträge zur Geschichte der Stadt Cottbus stammen von ihm. 1878 Kreiswundarzt, 1880 Sanitätsrat, 1888 Kreisphysikus, 1890 Geheimer Sanitätsrat; 18 Jahre Stadtverordneter, Mitglied der Cottbuser Loge sowie der Brandenburgischen Ärztekammer.
Dr. med. Liersch gehörte zu den Gesprächspartnern mancher Pücklerschen Abendgesellschaft. Er betreute medizinisch den Fürsten in dessen letzten Lebenstagen und führte die von Pückler gewünschte Verbrennung auf chemische Art nach dessen Tode durch.
Der Arzt starb am 9. Mai 1904 in Cottbus.

Nach Weihnachten 1870 wurde ich plötzlich zum Fürsten gerufen. Eine einfache Grippe hatte ihn befallen, störte aber diesmal die Ernährung des so ausgezeichneten Körpers bald so bedeutend, daß Ende Januar 1871 vollständiger Nachlaß der Kräfte eintrat. Am Mittwoch den 1. Februar sah der Fürst zum letzten Male seine Nichte und spätere Universalerbin Frau von Pachelbl-Gehag, eine geborene Gräfin von Seydewitz, bei sich; sein Nachfolger im Majorate und in der Ausführung der vielbewunderten Anlagen des Branitzer Parkes, der Herr Reichsgraf Heinrich von Pückler, weilte damals als Rittmeister mit den deutschen Truppen im Vaterlandskriege in Frankreich.
Die Nacht des 4. Februar werde ich nie vergessen. Es war ein finsterer, stürmischer Abend, als ich das letzte Mal zu dem Schwerkranken hinausfuhr, die aufgeregte Natur stimmte zu meinem Innern, das auch unruhig und tief bewegt war.
Voraussichtlich mußte in dieser Nacht die Katastrophe eintreten. Das hohe Schloß, das oft so glänzend und brillant erleuchtet war, stand starr, finster und schaurig da; nur ein matter Lichtschein drang von den oberen Eckfenstern durch die Nacht. Wo sonst die Bedienten so lebendig und geschäftig durch die hellerleuchteten Korridore stürzten, war alles still, und jeder ging schweigend und beklommen an dem andern vorüber. In dem schwach erleuchteten Schlafgemache lag der Fürst wie von einem sanften Schlafe umfangen; nur hin und wieder murmelte er leise einige kaum verständliche Worte, die an seinen Park und seine treuen Rosse erinnerten.
Mit seinem kleinen wohlbekannten Geheimsecretair Billy Masser saß ich bis elf Uhr still beobachtend an diesem friedlichen Sterbelager eines so bedeutenden und Tausenden wohlbekannt gewordenen Mannes. Welche Gedanken gingen da durch unsere Seele, so tief bekümmert sie war durch den drohenden Verlust! Endlich, gegen Mitternacht, wurde der Atem immer langsamer und äußerst sanft. Ohne jeglichen Todeskampf hauchte der Fürst seinen letzten Atem aus. Es war fünf Minuten vor zwölf Uhr, am 4. Februar 1871. In stiller Wehmut drückte ich ihm die Augen zu. - Das Testament des Fürsten sagte im sechsten Paragraphen:
„Mein Leichnam soll, zur Ermittlung der Todesursache, von den drei Aerzten: Sanitätsrath Dr. Malin, Dr. med. Liersch und dem Kreischirurgus Dr. Richter, alle Drei zu Cottbus wohnhaft, seciert, dann aber chemisch oder auf andere Weise verbrannt und die übrig bleibende Asche in eine kupferne, demnächst zu verlöthende Urne gethan und diese in den Tumulus des Branitzer Parkes eingesetzt werden."
Da sich bei der Beratung der Herren Testamentvollstrecker mit den Aerzten Bedenken gegen eine Verbrennung des Leichnams durch trockenes Feuer erhoben, so reiste Herr Kreisgerichtsdirektor Sturm nach Berlin und befragte den Herrn Präsidenten des Konsistoriums der Provinz Brandenburg (nicht den Kultusminister Mühler) und einen Chemiker, Herrn Dr. Müller. Ersterer hatte gegen eine Verbrennung der Leiche nichts einzuwenden; Herr Dr. Müller empfahl die Auflösung der Leiche in konzentrierter Schwefelsäure. Da die mittlerweile eingetroffenen fürstlichen Verwandten baten, von der Verbrennung des Leichnams auf einem Scheiterhaufen abzustehen, da ferner diese Verbrennung überhaupt, abgesehen von der Menge des dazu nötigen Holzes doch eine sehr schwierige und kaum vollständig zu bewerkstelligende wäre, da außerdem zu derselben ein besonderer Apparat zur Sammlung der Körperasche angefertigt werden mußte, der in so kurzer Zeit, wie sie bis zur Bestattung gegeben wurde, sich nicht beschaffen ließ, und da endlich im Testamente die chemische Verbrennung vorangestellt war, so wurde von einer Zerstörung des Leichnams durch Feuer abgesehen.

DIE SEEPYRAMIDE VON DER ÄGYPTISCHEN TREPPE. ZEICHNUNG VON HANS FRIEDRICH

Nach den Ansichten, welche der Fürst uns Aerzten gegenüber wiederholt ausgesprochen hatte, würde er die jüngste Bewegung für Leichenverbrennung mit Enthusiasmus begrüßt und sicher sich einem Siemens'schen Ofen überliefert haben. Aber auch die chemische Zerstörung des Leichnams war zu damaliger Zeit nicht leicht zu bewerkstelligen...
Dem Testament entsprechend wurde zunächst am 7. Februar der Leichnam von uns drei Aerzten geöffnet, und konnten wir unser Gutachten dahin zu Protokoll geben, daß Se. Durchlaucht der Fürst Pückler-Muskau nicht durch eine lokale Erkrankung, sondern durch allgemeine Alterserschöpfung - Marasmus senilis - verstorben sei. Das Herz wurde demnächst in eine Glasphiole gelegt und mit sieben Pfund konzentrierter Schwefelsäure übergossen, wodurch es sehr bald in eine dunkelschwarze, formlose Masse umgewandelt wurde. Die Glasphiole wurde in eine kupferne Urne gestellt und diese dann verlötet. Der geöffnete Leichnam hingegen wurde nach leichter Umhüllung mit einem feinen Laken in einen Metallsarg gelegt und mit einer Mengung von Aetznatron, Aetzkali und Aetzkalk durch und durch getränkt. Es wurden hierzu zehn Pfund Aetznatron, zwanzig Pfund Aetzkali und fünfundzwanzig Pfund Kalkhydrat gebraucht.
Es war nicht etwa eine gewisse Eitelkeit des Fürsten, seine irdischen Ueberreste auf nicht gewöhnlichem Wege der Erde übergeben zu lassen; es war ihm nur ein Gräuel, einst den Würmern anheimzufallen und befürchten zu müssen, daß seine Gebeine zerstreut und verworfen werden könnten. Und dies ist verhindert worden, da sein Leichnam schneller und sicherer dem Verfall und dem Zerstörungsprozeß entgegengeführt worden ist, als dies bei anderen toten Körpern der Fall zu sein pflegt.
Am 9. Februar 1871, an einem sehr kalten Tage bei zehn Grad Kälte, bei Schnee und Sturmgestöber fand die Einsetzung der irdischen Ueberreste des Fürsten in die von ihm selbst zu diesem Zwecke errichtete und mit einem See umgebene Erdpyramide statt, nachdem zuvor im Schlosse eine erhebende Trauerfeierlichkeit stattgehabt hatte. Der verschlossene reichverzierte Sarg von Eichenholz wurde in den in den Tumulus gegrabenen Stollen gestellt und die Urne mit dem aufgelösten Herzen auf dem Hauptende des Sarges befestigt. -
Jetzt ist der Stollen geschlossen; kaum eine Spur des Einganges ist äußerlich zu bemerken. Das freundliche Grün des Tumulus kehrt mit jedem Frühjahre wieder; der liebliche Park schmückt sich unter der besondern Fürsorge des jetzigen Besitzers mit jedem Jahr schöner und schöner; denn dieser hält alles, was zur Erinnerung an seinen hochberühmten Onkel gehört, in Ehren. Die buntgefiederten Sänger, namentlich der Pirol, den der alte Herr so sehr liebte, kehren Jahr für Jahr in den gastlichen Hain zurück - aber der Schöpfer der freundlichsten Oase der einförmigen Mark ruht still in seinem Tumulus, umgeben von klarem, stillem Gewässer.

„DIE GARTENLAUBE",
JAHRGANG 1874, S. 679

WIR NÜTZEN DER WELT NUR DURCH WAHRHEIT

Im Parke von Branitz hatte er sich eine Pyramide von Erdziegeln aufgebaut, darin ein Gewölbe. Ringsum war Wasser. In dies Gewölbe wollte er begraben sein. „Es ist ganz behaglich da drin, Doktor", sagte er zu mir, „kommen Sie!" und er führte mich hinein und sprach: „Wenn ich hier aufgebraucht liege, und zerstäube, dann werden Sie mich der Welt beschreiben, so freundlich wie möglich, aber auch so wahr wie möglich. Wir nützen der Welt nur durch Wahrheit, nicht wahr?"

Heinrich Laube in „Erinnerung", Wien 1882

Lyriker Pückler

Literatur und Kunst 6

Bleibt seiner Schnucke treu der Lou...

Als **Hauspoet** hat sich Pückler immer wieder einmal **versucht**, und er hat auch einige seiner Gedichte seinen Büchern beigefügt. In einen Sammelband zeitgenössischer Lyrik sind sie **nie aufgenommen** worden. Was sie spiegeln, sind Gefühl und Zeitgeist, es sind Verse fürs Poesiealbum, oft geschrieben mit einem Augenzwinkern.

Beim holden Schein der zarten
                Frühlingssonne,
Bei Ungewitter, Sturm und Drang,
Bei Frohsinn, Glück und jeder Lebenswonne
Bei Not und Kummer jahrelang
Bleibt seiner Schnucke treu der Lou,
Bis Gott ihm schließt die Augen zu.
                                   AB 2/269

Pückler, ironisch:
Die Versemacher sind aber auch gefährliche Geschöpfe. Sie werden, ehe man sichs versieht, zu Enthusiasten und nennen alles „du" wie die Quäker.

Bettys kleiner Blumengarten
(Warnungstafel)

Schön're Blumen saht ihr schwerlich?
Weidet eure Augen dran -
Doch seid ja nicht zu begehrlich,
Wißt! Sie sind ein Talisman.

Daß sie blühen unversehrlich
Atmet ihren Duft nur ein,
und seid ja nicht zu begehrlich -
mehr als das - kann nimmer sein!

Bettys Blumen sind gefährlich!
Oft bezaubernd wirken sie.
Drum seid ja nicht zu begehrlich -
Denn sie pflücken dürft ihr nie!

Pückler schreibt darunter:
Wie mir dafür der Kopf gewaschen wurde, nein, das erzähl ich nicht.
                                  TF 2/357

Hie und da werden Sie auch ein paar kümmerliche Verse finden, die ich aus den Originalbriefen mit abgeschrieben. Diese sind nun ganz meine schwache Seite, machen aber auch keine Prätension *(Anspruch, Anmaßung)*. Im Falle sie jedoch gar zu schülermäßig wären, bitte ich sie zu streichen.
Pückler an Varnhagen,
2. November 1830   BT 3/32

Der Wiener Maler Moritz Daffinger (1790 - 1849) schuf dieses Porträt von Pückler nach dessen Orientreise 1840

Phantasie an den Mond

Schau in den Mond, wie er so glänzend schifft
Im blauen Himmelsmeer, so frisch betaut;
O sage mir, erweckt er Dir nicht laut -
Lautredend wie im Traum: vergangner Tage
Holdselig Flüstern und holdsel'ge Klage,
So leise auch sein stilles Licht Dich trifft!
Bringt er Dir zaubernd nicht zurück
Die Geister all' der süßen Stunden,
Wo froher Sinn und Jugendglück,
Die Genien, segnend Dich umwunden;
Wo Dich der treue Freund beglückte,
Dir der Geliebt' am Herzen lag,
Wo Freude lächelnd Dir den Tag
Vom Morgen bis zum Abend schmückte -
Ach damals, da auch glänzte Dir
Des Mondes heitres Angesicht,
Doch sein Gestrahl nur tat es nicht -
Es war der Abglanz auch von Dir!

Und bringt er Dir, und jetzt zum Glück,
Richt auch Gedanken klar zurück
Aus Zeiten, die Dir längst verflossen,
Wo Deine Seele - wie ein Sarg -
Ein schwarzer Trauerschleier barg,
Wo heiße Tränen - eine Flut! -
Aus Deinen Augen sich ergossen,
Vom lautlos Dir verzagten Mut...
Von der Verzweiflung bittrem Schweigen,
Vom tiefsten Schmerz die tiefsten Zeugen!
Ach, dann, dann schien er Dir ein Freund,
Der treu und redlich mit Dir weint'
Und mitleidsvoll von Deinem Gram
Auf sich die schwerste Hälfte nahm.
Ja dieses Zaubers Heimlichkeit,
Birgt die Natur, hält ihn bereit
Den Glücklichen umglänzt sie froh,
Und mit dem Bangen weint sie so!

Und ob in Freude nun Dein Herz sich hülle,
Ob sich die Welt für Dich mit Leiden fülle,
So zieht doch die Natur aus Deinen Schranken
Dir immerdar den wechselnden Gedanken
Zu sich empor in ihre höhern Sphären,
Um ihn im reinsten Lichte zu verklären;
Und bleibt Dir keine Freud' auf Erden mehr,
Schau' in den Mond! - Schau' in der Sterne Heer!
Sie zieh'n gen Himmel Dich mit Geisterhand
Ins selige, in's stets Dir offne Land!   WS 43

PÜCKLER ALS
LIEBHABER EROTISCHER LITERATUR

Zwei unterhaltende Romane

Zwischen dem Besuch der Erziehungsanstalt des Schweizer Pädagogen Johann Heinrich **Pestalozzi** (1746 - 1827) und Ausflügen mit Blick aufs Matterhorn studiert Pückler zwei Meisterwerke erotischer Kunst: „Die Abenteuer des Chevalier de Faublas" von Jean Baptiste Louvet de Couvray (1760 - 1797) und „Die neue Justine" des Marquis de Sade (1740 - 1814). Unter dem Datum vom 2. August 1808 schreibt er seinem Freund (Leopold Schefer in Muskau) aus der Stadt Yverdon am Neuenburger See:

In beinahe vierzehn Tagen, die ich hier zugebracht habe, ist mir kein einziges hübsches weibliches Gesicht aufgestoßen; demungeachtet scheint Yverdon der Versuchung nicht weniger ausgesetzt zu sein als andere Städte; ich muß jedoch gestehen, daß ich zu diesem Glauben keine andere Ursache habe als den allerdings auffallenden Umstand, daß man mir in einer Lesebibliothek, wo ich von einer alten Mamsell zwei unterhaltende Romane forderte, „Les aventures de Faublas" und „La nouvelle Justine" mit Kupfern *(gemeint sind Kupferstiche)* gab.
Dein treuer Freund   BT 2/257

ILLUSTRATION AUS „LA NOÚVELLE JUSTINE" VON MARQUIS DE SADE; 1797

DAS SCHÖNE GESCHLECHT
Nachdem ich mich einige Zeit in Deutschland und Holland aufgehalten hatte ohne irgendeinen Versuch zu machen, meinen Single-Status zu verändern, begab ich mich nach England, das für mich immer ein bevorzugtes Land war, wo das schöne Geschlecht in der Tat schöner und, ich zögere nicht es zu sagen, besser als irgendwo sonst ist.
Pückler an Miß Hamlett, 21.11.1827
BT 7/55

PÜCKLER IN SEINEN JUGENDWANDERUNGEN", 1835:

Die Gräfin G. ist ein wahrer Engel! Und ich fürchte, ich werde über diese lebendige Schönheit alle Antiquitäten und sonstige Naturwunder im Stich lassen.
JW 191

PÜCKLER IM TAGEBUCH 1849:

Meine alte Schöne, Julie Gallenberg, *(in Wien)* besucht. Wie ist das üppige, schöne Weib aus Neapel zur alten Matrone geworden! Solches Wiedersehen hat etwas Vernichtendes.   BT 9/289

JULIE (GIULIETTE) GRÄFIN VON GALLENBERG (1784-1856), EINE WIENERIN, BEGLEITERIN PÜCKLERS IN ROM, NEAPEL UND BEIM ÄTNABESUCH; VON BEETHOVEN VEREHRT, DER, VON IHR INSPIRIERT, DIE „MONDSCHEINSONATE" KOMPONIERT.

SO LASS MICH DENN MEINE FEDER IN DEN BOSPORUS WERFEN

Das letzte literarische Kapitel

Es sollte seine letzte literarische Arbeit werden: Pücklers Buch „Die Rückkehr" - es erschien in drei Bänden zwischen 1846 und 1848 - beschreibt seine Reiseerlebnisse in Ägypten, Palästina, Syrien, dem Libanon und Kleinasien. Am Ende seiner Reise durch die Türkei besucht er Nicäa, die Stadt zweier Konzile der höchsten katholischen Würdenträger, sowie die Stadt Brussa, in deren Nähe das Grabmal des großen karthagischen Feldherrn Hannibal liegt, der angesichts der Bedrohung durch römische Häscher durch Einnahme von Gift aus dem Leben schied. Sein Grab ist ein Tumulus, eine Pyramide.

MOSCHEE SULTAN ACHMED I. UND STRASSENLEBEN IN KONSTANTINOPEL. SKIZZE VON H. JERICHAN (UM 1874)

Aber ein noch weit wichtigeres Denkmal der Geschichte befindet sich innerhalb der Mauern Nicäa's . Unter einem düstern Laubdach alter Platanen und Zypressen, von einem Gewirr mannshoher Disteln und Dornen umschlungen, erheben sich die Wände der zerstörten Moschee Sultan Orchan's, früher die griechische Kirche, in der das berühmte ökumenische Concilium unter Constantin, den die christliche Kirche mit schuldiger Dankbarkeit den Großen nennt, abgehalten wurde - jene ewig denkwürdige Versammlung von 318 Kirchenvätern, durch welche die wirkliche Gottheit Christi und völlige Einheit in der Dreieinigkeit des Vaters, Sohnes und heiligen Geistes zuerst kirchlich als heiliger Glaubensartikel festgestellt wurde. Vergebens widersetzte sich Arius, nur von 17 Bischöfen unterstützt, dieser Ansicht, die 300 andern überstimmten ihn. Als er sich dennoch nicht fügen wollte, ward der Fluch der Ketzerei über seine Meinung ausgesprochen, doch lange noch kämpfte er selbst, und Jahrhunderte lang seine Anhänger, mit abwechselndem Glück um den Sieg. Leider geschah dies zu oft mit blutigen Waffen, als Vorbild all der unzähligen Greuel und schauderhaften Verfolgungen aus religiösen Motiven, welche über ein Jahrtausend das Christentum entehrt, bis später endlich die Kirche, in der man einen Gott decretiert, den Händen eines Propheten der Ungläubigen überliefert ward, nun aber weder Einem noch dem Andern mehr als Tempel dient, sondern einem dritten Herrn, dem Gott der Zeit und der Vergänglichkeit aller Dinge dieser Welt verfallen ist. Herr Tessier, den ich in Constantinopel traf, bestritt die Identität dieser Ruine mit jener Kirche des Conciliums, indem er meinte, man bemerke die Spuren einer Kuppel daran und es sei erwiesen, daß die erste Kirche dieser Bauart St. Sophia sei, welche viel später unter Justinian erbaut wurde. Das wäre noch immer kein Beweis, da die Kuppel auch bei ihrer Umwandlung in eine Moschee zugesetzt worden sein kann, überhaupt auch dergleichen angeblich erwiesene Tatsachen nicht immer Stich halten. Ich für meine Person halte mich gern an die Lokal-Tradition, und mag mir durch eine zweifelhafte Kritik den erregenden Eindruck nicht rauben lassen. Eben so gläubig betrachtete ich bei der Fortsetzung meiner Reise am Tag darauf den Tumulus Hannibals, bei einem Dorf, das jetzt die Stelle des alten Libyssa einnimmt, Hannibals, des Lieblingshelden meiner Kindheit, bei dessen Geschichte ich Tränen darüber vergossen habe, daß er nach der Cannä-Schlacht nicht Rom genommen und der so groß im Unglück wie im Glücke blieb, einer jener seltenen Genien, deren innerer Größe die äußeren Verhältnisse nichts anzuhaben vermögen. Auch bei Brussa befindet sich ein weinbegrenzter Hügel, in der reizendsten Umgebung mit einigen alten Mauern, die man Hannibals Haus nennt, und bei Sfax an Afrika's Küste hatte ich die Ruinen seines Landhauses gesehen, von wo er sich nach dem Unglückstage von Zama nach Syrien einschiffte. Der Tumulus liegt in nackter kahler Gegend, dem Ende des Helden angemessen, der keine Menschen mehr fand, die ihn zu würdigen noch ihm ein volles Vertrauen zu schenken fähig waren. Mein letzter Tag in Kleinasien gab mir eine neue Erfahrung. Ich fuhr zum ersten Mal mit der von hier bis Constantinopel neu etablierten Fahrpost, ein merkwürdig halsbrechendes Fuhrwerk!
Man denke sich einen ganz kleinen Armensünderkarren, nicht viel größer als die Gondel eines Luftballons, wo sich zwei Personen zusammen gedrängt gegenübersitzen, nicht etwa auf einem festen Sitz, sondern auf netzartig überspannten Stricken ohne eine Lehne noch irgend einen Stützpunkt. Vor diesem Vehikel, dessen Räder durch eiserne Klammern zusammengehalten werden, sind vier Pferde fast ohne Geschirr dürftig angespannt, auf deren einem, und zwar einem der Vorderpferde, der Postillion sitzt. Dieser versteht vom Fahren nicht das Geringste, und eben so wenig sind seine Pferde dressiert. In dieser Verfassung geht es nun ohne alle gebahnte Straße von Hause aus im vollem Lauf vorwärts, bergauf, bergab, und (was uns zweimal zu Teil ward) springen die Pferde durch irgend etwas scheu gemacht auf die Seite, so wirft der Wagen, der gar kein Gelenk hat, jedesmal um; da er indes niedrig ist wie ein Stuhl, kann man immer mit einiger Gewandtheit auf die Füße zu

7 Anekdoten Aphorismen Karikaturen...

stehen kommen. Die ungeheuren Stöße aber, die man fortwährend erleidet, sind noch viel schlimmer und werden nach einigen Stunden fast unerträglich. Ich fühlte mich bereits wie gerädert, als endlich die Kuppeln und Minarets des alten Byzanz am Horizont auftauchten, und wie bei den Religionsmärtyrern der Enthusiasmus allen Schmerz tötet, so ward auch ich von diesem Augenblick an gefühllos für alles Ungemach. Von der Meerseite sind zwar, wie ich später kennenlernte, die Approchen Constantinopels unendlich schöner, viel aber ersetzte meine Empfänglichkeit, und als ich Scutari um seine kirchhöflichen Zypressenwälder durchfahren hatte, und am blauen Bosporus angelangt, das alte Serail und Schloß der Sultane, mit aller Pracht der unermeßlichen Hauptstadt und allen ihren tausendfach belebenden Erinnerungen vor mir sah, schlug mir das Herz in so freudigem Entzücken, als sei ich noch ein Jüngling, und das nihil admirari *(sich über nichts mehr wundern)* noch keine traurige Lehre der Erfahrung und Uebersättigung, die auf mich Anwendung finden könne.

Doch jetzt genug; denn indem ich in die spitze Gondel steige, um nach Europa überzusetzen, endet der lange Akt meines Lebens, der so anmutig für mich im phantastischen Orient spielte, und ein neuer beginnt im vaterländischen Weltteil. So laß mich denn, lieber Leser, hier zwischen Asien und Europa von dir Abschied nehmend, meine Feder in den Bosporus werfen, und möge sie dort so lange in des Meeres Tiefe ruhen, bis üble Gewohnheit, die man schwer bezwingt, mich antreibt sie wieder herauszufischen.   DR 3/450

Aphorismen

Wohltätigkeit	Man muß nie zu genau den Motiven menschlicher Handlungen nachforschen, wenn nur ihre Resultate gemeinnützig sind. Im tiefsten Grunde wird man vielleicht bei allen den ersten Keim stets im Egoismus finden, der sich unter Millionen verschiedener Formen verbirgt. Ali 116	Räsonieren und Regieren
Salomonischer Spruch	Genieße diese Welt, denn dazu bist du in ihr, halte aber Gott und die Liebe immer fest in deiner Seele, so wird dir viel vergeben werden. Jel 137	Schicksal
Wir Galeerensklaven	Wer für sich selbst nichts und folglich auch keinen andern braucht, mag sich mit Recht frei nennen - welche Galeerensklaven aber sind wir unglückseeligen Europäer in dieser Hinsicht. Jel 173	Am unrechten Platze
		Das Los unserer Makulaturperiode
Immer neue Wünsche	Das ist nun leider einmal so eingerichtet in der Welt, daß die, welche die Güter derselben besitzen, den Genuß daran verlieren... Was man hat, das ist nichts mehr, was man zu haben wünscht, ist alles. Jel 246	
Des Menschen Bestimmung	Ich glaube mit fester Überzeugung und Klarheit eigentlich nur weniges, zum Beispiel, daß unser Geist ewig und zu unvergänglichem Wirken bestimmt ist, daß Schaffen, kleines oder großes - denn darauf kommt es nicht an - seine wahre Bestimmung und Pflicht ist, daß nur das Positive und nie Dauernde Befriedigung geben kann - daß wir göttlicher Natur, wenn auch sehr geringer Stufe sind, denn Gott allein ist in allem und jedem, aber nicht alles und jedes ist Gott. Jel 249	Ehrenvoller Tadel
		Nur Schweigen ist tödlich
Über die Schönheit der Heimat	Wir wissen in Deutschland zu wenig, was wir haben. WS 262	Die nackte Wahrheit
Lügen der Geschichte	Wer uns alle freiwilligen und unfreiwilligen Lügen der Geschichte aufdecken könnte, würde uns gewiß einen schlechten Dienst erweisen. Mancher käme dabei vielleicht um seinen Lieblingshelden, und mancher gar um seine Religion. In diesem Lande der Täuschung, was ist am Ende an ein bißchen mehr oder weniger Wahrheit gelegen! WS 63	Beifall
		Wollust und Beherrschung

Der Norddeutsche räsoniert wohl gern bei einem Glase Bier, wenn er aber selbst an der Regierung teilnehmen, Reden halten, schriftlich arbeiten, kurz Dienst für die res publica *(die öffentliche Sache)* tun soll, bedankt er sich schönstens.
WS 299

Vielleicht fährt besser, wer sich sorglos dem Fatum *(Schicksal)* in die Arme wirft.
BT 8/223

Wie schade, daß so viele Dinge in der Welt am unrechten Platze sind, und Menschen auch!
WS 201

Man sah die neuere Zeit schon fast der Erde gleich, das Mittelalter beschädigt, aber noch aufrecht, das Antike in felsenfester Dauer alles überragend. Was wird nun vollends das Los unserer heutigen Makulaturperiode sein? Bücher, weiter bleibt gewiß nichts von uns übrig. Aber ist das weniger? Als eine der unmittelbarsten, umfassendsten Formen des Geistes vielleicht mehr als alles andere.
Jel 72

Wer einmal die Schwachheit hatte, sich drucken zu lassen, muß sich allem unterwerfen, und selbst ein Tadel Goethes ist noch ehrenvoll, wie man dem lieben Gott noch für die Züchtigung dankt.
BT 3/18

Je mehr Feinde und Freunde ein Buch hat, je besser - nicht das Schmähen, nur das Schweigen ist tödlich.
BT 8/415

Dem Bekannten schmeichelt man mit Recht, wenngleich mit Maß, dem Freunde ist man die nackte Wahrheit schuldig.
BT 3/31

Der Weiber Beifall ist aber natürlich immer der süßeste.
BT 3/25

Leicht ist es zu sagen, die gemeine Sinnlichkeit tötet die Wollust, nur die Harmonie aller Kräfte ist wahres geistiges Leben, man soll alles genießen, aber Herr darüber bleiben wie über sich selbst. Wer sieht es nicht ein? Aber es gibt eine Kehrseite, und die bearbeitet der Teufel, an den ich eigentlich glaube.

Eiche und Veilchen

... daß mich eine Art Kritik wirklich verdroß. Ich meine die, welche mir beständig vorwirft, weder ein Dichter noch ein Gelehrter zu sein. Hätte ich je auch nur im entferntesten eine solche Prätention gezeigt, so hätten diese Kritiker ganz recht. Da mir dies aber nie im Traum eingefallen, so ist der Vorwurf ebenso absurd, als wenn man das Veilchen verachten wollte, weil es keine Eiche ist... So viel indes wage ich zu sagen, daß ich immer nur für die gute Gesellschaft schrieb, die nie aus Pedanten besteht.
Ali 10

Geschlagene Helden

Es ist mir sehr wohl bekannt, daß ein geschlagener Held immer unrecht behalten muß und daß in der Gegenwart die triviale Masse der Menschen nie anders als nach dem Ausgang urteilt, bis später, wenn die momentanen Leidenschaften und Interessen schweigen, eine philosophischere Ansicht der Vergangenheit der historischen Wahrheit ihr Recht verschafft.
Ali 15

List und Gewalt

Die List tritt wenigstens immer sanfter auf als die rohe Gewalt, wenn auch die Resultate zuletzt oft dieselben bleiben.
Ali 35

Unabhängiges Urteil

Mein Beruf ist: die Wahrheit zu sagen, wie ich sie finde, unbekümmert, wie man sie aufnimmt und ob sie einer Partei schmeichelt oder die andere verdrießt. Mit diesem Grundsatze bewaffnet hatte ich bereits mehr als einmal das Glück, Urteile, die man im Anfang auf das schärfste angriff, bald darauf durch den Erfolg bewährt zu sehen.
Ali 49

Glückliches Hobby

Die Reiter auf Steckenpferden sind immer mehr zu beneiden als die, welche den Pegasus oder das Schlachtroß des Ehrgeizes wählten.
Ali 89

Worauf es ankommt

Man sage... nicht, daß die Frauen nicht gern die Wahrheit hörten, es kommt nur auf das Wie und Wann und von Wem dabei an.
Ali 97

Höheres Urteil

Wie wenig doch die auf Thronen Sitzenden andere zu beurteilen verstehen, da sie nur so sehen, wie ihre Umgebung will, selbst die Geistreichsten!
BT 9/237

Christen und Mohammedaner	In Wahrheit, dachte ich, Christen und Mohammedaner könnten manches vorteilhaft austauschen, sie z.B. unsern stärkenden Wein für ihren entnervenden Harem, und wir ihre Ruhe und Resignation für die endlose Geschäftigkeit unseres nie befriedigten Strebens. DR 150	Tätigkeit und Nichtstun
		Langweilige Vollkommenheit
Wie ist der Mensch?	So ist überall der Mensch: er setzt großen Männern, wohl aus Eitelkeit, Bildsäulen, aber ihre Lehren benutzt er selten. BT 2/274	Juwel und Schatz
Elendes Metall	Über Mangel an Geld klagte man allgemein, als wenn der Überfluß an Geldeswert nicht mehr wert wäre als dieses elende Metall. BT 2/278	Wahrheit
		unverbesserliche Toren
Liebe	Alle Liebe ist egoistisch, wenigstens die irdische, und am Ende wird der liebe Gott sich selbst auch noch lieber haben als uns. AB 298	
		Opportunismus
Schmeicheln	Etwas zanken schadet überhaupt nichts unter Personen, die zusammenpassen, nur müssen sie gegenseitig immer aufrichtig gegeneinander sein, und sich lieber beleidigen, als der Wahrheit zu nahe treten. Etwas schmeicheln ist erlaubt, wenn man dem Freunde oder der Freundin dadurch gefallen will, denn solches Schmeicheln kommt aus gutem Herzen. BT 1/378	Theorie und Praxis
Weiber	O, ihr Weiber bleibt immer die nämlichen, und wer euch zu necken und erzürnen will, braucht nur alle eure Worte à la lettre *(buchstäblich)* zu nehmen. BT 1/86	
Kinder	Kinder wollen Liebe und erkennen sie vortrefflich, alles andere danken sie einem nicht. BT 7/425	Egoismus
Mit den Wölfe heulen	Mit den Wölfen muß man heulen, wo die Moralität nicht darunter leidet, sonst geht es einmal nicht in der Welt vorwärts.	
Freundschaft	Im Unglück soll man keinen verlassen, mit dem man in besseren Zeiten Freund war.	
Sich selbst der Nächste	Jeder muß sich für seine Existenz zuerst selbst der Nächste sein, in zweiter Instanz kommt er erst dazu, auch der Nächste anderer sein zu können. Versäumt er dies, so bleibt er bald weder sich noch anderen der Nächste. BT 8/415	Tugend
		Lächerliche Wichtigkeit

PÜCKLER ALS ANEKDOTENSCHREIBER

Aus Pücklers Anekdotenlade

Wo nur anhaltende Tätigkeit waltet, ist auch eigentlich immer schon ein Verdienst. Nur die Nichtstuer sind ganz unnütz. BT 9/11

Reizende Fehler sind es, die man immer allein liebt - Vollkommenheiten sind stets langweilig, besonders auf die Länge. BT 9/45

Eine schöne Frau ist ein Juwel, eine gute Frau ist ein Schatz. AB 1/166

Die einzige Wahrheit ist: daß es keine gibt. BT 9/45

Du lieber Gott, es gibt unverbesserliche Toren, die stets so simpel bleiben, auf Loyalität und Gerechtigkeit zu hoffen, wo doch immer nur Leidenschaften und Interesse vorwalten. AW 2/70

Der Einzelne wird immer gut für seinen Frieden tun, sich dem bereitwillig zu unterwerfen, was die Allgemeinheit glaubt, sei er auch einer entgegengesetzten Überzeugung, er müßte denn Fanatismus genug besitzen, um sich zur Rolle des Märtyrers berufen zu glauben. BT 9/132

Große Diener sind bei uns noch möglich, kein großer Patriot. In der Theorie, im Reiche der Gedanken, werden wir immer vieles leisten, aber nie für uns; andere Völker werden diese unsere Gedanken erst praktisch ausführen. BT 4/49

Wahre Freiheit, soweit sie möglich ist, kann der Mensch (leider auch nur annähernd) allein individuell in seinem Innern erringen, ein Allgemeingut kann sie nimmer werden, weil die Masse der Menschen eben unausbleiblich in jeder Epoche ihres Daseins immer dieselben Egoisten bleiben müssen. BT 4/85

Die ganz reine Tugend kann nur leblos sein, und gehört ins Steinreich. BT 4/93

Wir setzen zu viel Wert auf diese Spanne Leben, und geben dem Tode eine fast lächerliche Wichtigkeit - dem Tode, der uns jeden Augenblick droht! BT 8/451

Singt heute Beethoven?

Vorigen Winter lernte ich dort *(in Berlin)* den St. Simonistischen Gesandten *(spaßhaft für französischer Diplomat)* kennen, der am Morgen bei Fräulein S...r schriftlich angefragt hatte, ob es wahr sei, daß diesen Abend Beethoven singen würde? Fräulein S. antwortete kaltblütig: Sie glaube kaum, da er wahrscheinlich von seinem letzten Todesfalle noch zu heiser sei.

AW 2/139

Die Audienz bei der Dauphine

Die Audienz bei der Dauphine *(Französischer Herrschertitel)* war akkurat wie eine Muskauer Soiree, alles ebenso gauche *(linkisch)* und steif. Die Dauphine hat eine merkwürdige Tournure *(Haltung)*, geht wie eine Ente, ganz bäurisch in Sprache und Haltung, bammelt, wenn sie sitzt, fortwährend mit den Füßen - ich staunte! ...Es kamen nach und nach ein Dutzend Personen... jedesmal stand alles auf, auch die Dauphine, und bekomplimentierte sich wie in Krähwinkel *(Pücklers Scherzname für Berlin)*. Die eine Dame, eine österreichische Gräfin, blieb (da die Stube sehr niedrig war) mit ihrem Kopfputz am Kronleuchter hängen und konnte gar nicht wieder davon loskommen. Auch die Prinzeß von Hohenzollern machte ihre Cour, die ein Kleid von Krötenfarbe anhatte und selbst einer ausgegrabenen Leiche glich. Nach einer Stunde endigte das Ganze mit einer Generaledition von Knixen und Bücklingen ohne Ende.
Pückler an Lucie über eine Episode in Karlsbad, 1834

BT 8/209

Gebt mir zu essen...

Mit einer höchst dankbar von mir erkannten Delikatesse ließ man die ehrenvollen Besuche nur sehr kurze Zeit andauern, brachte mir dann Pfeife und Kaffee und gestattete mir, mich damit ganz meiner Bequemlichkeit zu überlassen. Während dieser Zeit waren auch meine Leute angekommen, und um sechs Uhr trat Herr Papadopulo wieder herein, um anzufragen, ob ich zu speisen befehle. Ich bejahte dies mit demselben Eifer, wie der Sultan Amurath der Dritte, dessen erstes Wort beim Antritt seiner Regierung war: Gebt mir zu essen, denn ich bin sehr hungrig - eine Äußerung, die den ganzen zur Huldigung versammelten Hof mit Entsetzen erfüllte, und worauf sonderbarerweise auch wirklich kurz nach der ominösen Rede eine Hungersnot erfolgte, wie sie Konstantinopel nie schrecklicher erfahren hat. Ich schmeichle mir, daß Kalávrita durch meinen guten Appetit kein gleiches Unglück befallen wird.
Pückler auf der Griechenlandreise SB 80

„Preißische Hunde"

Auf der letzten Station vor Torgau bekam mein Begleiter, der Gardelieutenant Graf S... aus Potsdam, bei dem das Reich der Gnade noch gar nicht zum Durchbruch gekommen ist und der sich deshalb auch noch jeden Augenblick über weltliche Dinge so unnütz ereifert - Händel mit unserm Postillion und ward so böse, daß er ihn, mit dem Stocke drohend, einen sächsischen Hund nannte. „O Jeses nein, mein gnäd'ger Herr Leutnant", erwiderte dieser recht albern, „da erren Se sich, mer sind ja schon seit mehr als zehn Jahren preißische Hunde." Man sieht doch, daß es den Leuten hier noch ganz an unsrer nationalen Bildung fehlt. BV 1/44

Pückler und die Tiere

Pückler hatte auf seiner Ägyptenreise eine vom Statthalter Mehemed Ali mit Personal und Proviant gut ausgestattete **Nilbarke** zur Verfügung, und **ein paar Tiere darauf** durften nicht fehlen. Das Chamäleon entwich bei den Tempeln von Philae, die erste zahme Gazelle, genannt Solieb, wurde nachts von einem Raubtier gefressen. Die zweite, ihm von einem Gouverneur geschenkte Gazelle ging im Zustand der Seekrankheit eine Weile rückwärts. Der aus Europa mitgebrachte Hund Susannis starb am heißen Klima: „Also wer seinen Hund lieb hat, lasse sich nicht von ihm dahin begleiten", rät Pückler künftigen Afrika-Reisenden.

Meine Barke bietet jetzt einen eigentümlichen Anblick dar. Ich habe eine Mimose abhauen und auf dem Vorderteil aufpflanzen lassen, in deren Ästen das Chamäleon seinen Tummelplatz hat, während am Fuße meine immer noch seekranke, und, wie es scheint, sogar an Heimweh leidende Gazelle ruht. Daneben liege ich selbst auf Kissen ausgestreckt, kräuselnde Wolken in die blaue Luft entsendend, und vor mir stehen zwei Abessinierinnen, beide ein Besitztum meines Kammerdieners, wovon die eine mir die Fliegen abwehrt und die andere den Kaffee kredenzt.

DR 1/86

Die toten Duellpferde

Ein Oberstleutnant L. in württembergischen Diensten bekam Streitigkeit mit einem Infanterieoffizier, und sie beschlossen, sich auf Pistolen zu schlagen. Der König erfuhr es und drohte beiden, wenn sie ihr Duell ins Werk setzten, mit Kassation *(Entlassung)*. Um einen Ausweg zu nehmen, kamen sie überein, sich wie von ungefähr in einer beträchtlichen Entfernung von der Hauptstadt zu Pferde zu begegnen und das darauf zu erfolgende Duell mit dem Namen eines Recontre *(Zusammentreffens)* zu entschuldigen. Der Infanterieoffizier hatte zwar dieses Engagement gebilligt, schrieb aber den Tag vorher an seinen Gegner ein Billett, in dem er ihn benachrichtigte, daß es ihm unmöglich sei, für den folgenden Morgen ein Pferd zu bekommen. Der Oberstleutnant L., ungeduldig, die Affäre zu beenden, antwortete, er wolle ihm eins von den seinigen geben. Nachdem die Sache auf diese Art arrangiert war, erscheinen den anderen Tag beide Champions an dem bestimmten Platze. Der Infanterist schießt und zerschmettert dem Pferde des Oberleutnants ein Bein; im Fallen ripostiert *(hier: abdrücken)* dieser, anstatt aber den Leutnant zu treffen, schießt er seinem eigenen Pferde durch den Kopf, welches alsobald ohne Schaden des Reiters leblos niederstürzt und, ein unschuldiges Opfer, durch seinen tragischen Tod dem Duelle mit dem Verluste zweier Pferde für den Oberstleutnant ein Ende machte.

BT 2/212

Eine Privatangelegenheit

Wir standen am Rhein und ritten früh in einer bezaubernden Gegend zum Exerzieren aus. Die aufgehende Sonne vergoldete schimmernd Wald und Berge. Ich begeisterte mich über das herrliche Schauspiel und suchte den General, der in Gedanken versunken still dahinritt, ebenfalls darauf aufmerksam zu machen. Er hörte im Anfang nur halb auf mich und fragte endlich, indem er sich verwundert gegen mich umwandte:
„Was sagen Sie?"
Durch seinen Blick eben nicht ermutigt, wiederholte ich etwas verwirrt meine Phrase.
„Zum Teufel, Herr!" fuhr er mich an. „Denken Sie an Ihren Dienst und lassen mich mit Ihren Privatangelegenheiten ungeschoren!"

AW 2/135

Offiziersbildung

Das junge Militär ist im allgemeinen hier *(in Berlin)* außerordentlich und vielseitig gebildet. Es gibt viele Tonangeber und wahre Orakel darunter, deren Entscheidungen unanfechtbar sind, und einige machen sich zugleich als vortreffliche Karikaturzeichner bemerklich. Nur selten gewiß bieten sie selbst Stoff zu dergleichen dar. Doch war ich neulich Zeuge einer komischen Verwechslung. Die liebenswürdige Frau von B. las eine sehr gelungene Übersetzung italienischer Verse vor. Einer der elegantesten Krieger unserer Salons fragte sie, von wem dies Gedicht sei.
Sie erwiderte: „Von meinem Dante."
„Ist es möglich?" rief der Offizier, verwundert die Hände zusammenschlagend. „Das hätte ich Ihrer Tante nimmermehr zugetraut."

AW 2/135

Die zahme Grasmücke

Gestern abend ist mir etwas Eigenes geschehen. Es flog eine niedliche Grasmücke in mein Fenster herein. Ich ließ sie ruhig in der Stube, und als ich heute früh aufstehe und mich zum Frühstück setze, kommt sie auf meinen Tisch geflogen. Ich gab ihr etwas zu fressen, und wir machten so gute Bekanntschaft, daß das kleine, noch ganz junge Tier in wenig Stunden völlig zahm geworden ist, sowie ich aufstehe, mir nachfliegt und sich auf mich setzt, als wenn es gar nirgends anders sein könnte. Während ich dieses schreibe, sitzt sie die ganze Zeit auf meiner Hand und sieht mich niedlich zwitschernd mit ihren kleinen Augen höchst freundlich an. Wenn das nette Tierchen leben bleibt, bringe ich es nach Muskau.
Pückler an Lucie, Berlin, 14. 7. 1822
BT 5/343

GAZELLE.
ZEICHNUNG VON F. RICHTER, 1843

Wiederaufgetauter Kanarienvogel

Bei 4 Grad Reaumur *(5 °C)* reiste ich von Baden ab, und in Innsbruck find ich bereits 14 Grad *(17,5 °C)* unter dem Gefrierpunkt vor. Ist das nicht auch humoristisch, obgleich es meinem treuen Kanarienvogel, den ich im Wagen bei eisbedeckten Fenstern mit unter meinen Pelz nehmen mußte, um ihn vor dem Erfrieren zu schützen, nicht sehr komisch erschien. Doch hat er sich hier in der warmen Stube, in der ein ewiges Feuer brennt (denn wir haben hier auch 4 Grad R. Kälte), wieder aufgetaut.
Pückler an Ludmilla Assing aus Bozen, 5. 1. 1866
BT 4/119

Tiere, wenn sie nicht gar zu klein und lästig sind wie Ameisen, Fliegen oder Skorpione, **mochte Pückler** sehr, und mehr als einmal versicherte er (so in einem Brief an Heine 1854):

... daß ich eigentlich die Tiere mehr liebe als die Menschen", und an Ludmilla Assing 1868: „Ich Ärmster werde mit den meisten Menschen sehr bald fertig, weil sie mich eben so wenig interessieren (schon ohne Zweifel ein großer Mangel), und zweitens muß ich mich anklagen, sehr häufig Tiere den Menschen vorzuziehen."

Ich werde nächstens ein Jagdliebhaber werden. Schon gestern habe ich mit vielem Vergnügen eine Auerhenne - gegessen.
Pückler an Lucie, Jagdhaus bei Weißwasser, 6. 1.1. 1832
BT 7/239

In London suchte Pückler eine passende **Hündin für Francis**, den Spaniel seiner Ex-Gattin Lucie in Muskau.

... aber die echten Blenheim-Spaniel sind verzweifelt rar. Was ich auch sah, es paßte nicht. - Entweder waren die Ohren zu lang oder zu kurz; die Beine zu krumm oder zu auswärts; das Fell zu bunt oder nicht reich genug gefleckt; der Humor zu bissig oder zu schläfrig - kurzum, ich mußte bald von der unnützen Jagd abstehen.

Auf das Grab seines Lieblingshundes, einer Neufundländerdogge, ließ Pückler schreiben:

Hier ruht die treueste Seele, welche ich auf Erden gefunden habe

Der **Lieblingshund** der Fürstin Lucie erhielt ein Ehrenbegräbnis mit der Gedenkzeile auf dem Sockel einer Warwick-Vase im Park von Branitz nördlich des Schlosses:

> Das Blumengrab meiner Nini, des sanftesten weiblichen Wesens, welchem ich auf meiner Lebensreise begegnet bin.

Das Grab eines von den **Lieblingspferden** des Fürsten im Park Branitz trug einst die Inschrift:

> Hier ruht Adschameh, meine vortreffliche arabische Stute brav, schön und klug.

Das Mitbringen von Hunden seitens der Besucher des Parkes nimmt seit einiger Zeit wieder so überhand, daß wir uns zur Vermeidung von Unannehmlichkeiten veranlaßt sehen, wiederholt in Erinnerung zu bringen, daß der Herr Fürst den Befehl gegeben hat, jeden Hund, der auf dem hiesigen Territorio, also nicht bloß im Parke, betroffen wird, er sei mit oder ohne Begleitung, ohne weiteres totzuschießen.
Branitz, den 3. Mai 1860
Die Polizeiverwaltung

(Anzeiger für Cottbus und Umgebung Nr. 37, S. 234)

Pückler, Machbuba und Mehemed Ali in der Karikatur

Innige Freundschaft mit einem dicken Pascha

Alexander Freiherr von Ungern-Sternberg (1806 - 1868), Pseudonym **Sylvan**, Schriftsteller, Zeichner. Aus einem baltischen Adelsgeschlecht stammend, wurde er - wie Pückler - von der Brüdergemeine **Herrnhut** erzogen; er studierte Verwaltungswissenschaften und wurde als Maler ausgebildet. Der anfangs begeisterte Demokrat (Bekanntschaft mit Tieck, Lenau, Varnhagen) wurde nach dem Scheitern der 48er Revolution zum Verteidiger der Monarchie (Novellen „Die Royalisten", „Die Kaiserwahl"), später wechselte er erneut ins politische Lager der Liberalen. Die 1846 in Leipzig erschienenen Illustrationen zu „Tutu" **karikieren Pückler** als weltreisenden Snob.

Er schließt eine innige Freundschaft mit einem dicken Pascha.

Die rothaarigen Barbaren, die einige Epigramme des Prinzen Johann ohne Land übelgenommen, weisen ihm die Tür.

Ein Krokodil entführt dem berühmten Reisenden ein Konvolut Manuskripte.

Er orientiert sich allerwege und scheut keine Gefahren, denen ein Prinz in dem heißen Klima ausgesetzt sein kann.

Das ist ein amüsantes Bildchen; es stellt den Prinzen Johann ohne Land vor. Wir sehen ihn, wie er seine erste Wanderung antritt.
Er besucht das Land der rothaarigen Barbaren.

Abyssinisches Ballett. Der Prinz, der Pascha und die schöne Sklavin.

DIE KARIKATUREN WURDEN DEM 1936 IM
F.W. HENDELVERLAG MEERSBURG AM BODENSEE
ERSCHIENENEN REPRINT VON „TUTU" ENTNOMMEN

In seinen „Erinnerungsblättern" schrieb Sternberg: „**Wilde Pferde** und **wilde Frauen** wußte er auf gleiche Weise zu zähmen, und beide mußten auf gleiche Weise dazu beitragen, **seinen Ruf** in der fashionablen Welt zu verbreiten." Pückler soll sich nicht über die Veröffentlichung der Karikaturen in dem Buch „Tutu" geärgert haben, sondern äußerte sich **beifällig** über den Künstler.

Zur **Erläuterung** der Bildtexte:
Johann ohne Land: Fürst Pückler; Die rothaarigen Barbaren: Die Engländer; Der dicke Pascha: Mehemed Ali, Gastgeber Pücklers in Ägypten; Die schöne Sklavin: Machbuba; Der boshafte Demagoge: Georg Herwegh; Die Lady ohne Land: Lady Esther Stanhope.

Abyssinisches Stilleben.

Gespräche, Zitate, Notizen

Pückler sitzend.
Holzstich von August Neumann nach einer Photographie von 1863

Gott und Teufel

Mit Gott wird auch ein Teufel geglaubt, der kaum ganz so negativ sein möchte, als Goethe will, sondern sehr positiv das Göttliche verneint. Mit dem höchsten sich selbst bewußten göttlichen Prinzip werden wir wohl auch das sich selbst bewußte höchste Prinzip des Bösen annnehmen müssen, und wollen wir es Geist oder Materie, Himmlisches und Irdisches nennen, so ist dieser Dualismus vielleicht gerade das Bedingnis allen individuellen Lebens... Ich glaube an Gott und Teufel, und fühle beider Einfluß und Macht, zugleich aber auch, daß das Organ des einen die Seele, des anderen der Körper ist.
Tagebuch 1850

BT 9/296

Proletarier aller Länder

Der Fürst von Pückler sagte mir heute ein bedeutendes Wort, das von seinem historischen Blicke zeugt.
Er meinte, wie die hochgebildete Römerwelt durch rohe Barbarenvölker unterging und aus diesen ein neuer, gesunder, höhere Bildung anstrebender Völkerzustand hervorging, so scheine unsere jetzige europäische Welt dem Untergange schon zugesprochen, und die Proletarier aller Länder dürften bestimmt sein, die Grundlage eines ganz neuen, kräftigeren und reicheren gesellschaftlichen Zustandes zu werden.

Varnhagen von Ense über ein Gespräch mit Pückler, 3.4.1843

RI 370

Nichts wahrhaft Neues

Indessen, der Glanz jener Alten ist erloschen, die Fräcke und Jacken daneben sind im Besitz der Herrschaften und dabei des sichersten Adels unserer Tage, des Geldes. In fünfhundert Jahren werden die jetzt Neuen überdies ziemlich ebenso vornehm sein, als es die Alten waren, ja vielleicht geht es ihnen ebenso wie jenen, und ein neuer Mann von 2325 ersteht das Gut der alten Maleckes und hängt ihre halbvermoderten Ahnenbilder wiederum in seinem Eßsaal auf, „damit es altertümlich aussehe". Denn die divina comoedia *(Die göttliche Komödie)* geht immer so fort, und nichts wahrhaft Neues, wiewohl immer etwas anders bestrahlt, entsteht unter der Sonne!
Die Flucht ins Gebirge, in: Tutti Frutti

AW 2/50

Wollen, was man muß
Man muß sich in die Zeiten schicken, und um frei zu bleiben, sich bald philosophisch einrichten: zu wollen, was man muß.

Blasierte Welt
Wir sind offenbar in die Barbarei der Zivilisation verfallen. Ein krankhafter Drang nach Neuem in allen Dingen ist das einzige Lebendige an der unbefriedigten fast über alles blasierten Welt. Der einzige regierende Gott scheint nur noch das persönliche Interesse, als Höchstes Industrie - zu sein, und die einzige Oase in dieser Wüste die Wissenschaft. Poesie, Kunst, Religion sind nur noch Schatten. Sie werden alle wiederkehren in neuer Form, aber erst lange nach dem Vermodern unserer Generation. Vielleicht nehmen auch wir verjüngt wieder unseren lebendigen Anteil daran.

Tagebuch 7. Mai 1845

BT 9/158

ZUR PROBE GEFÄLLIGST EINE
LEBERWURST

Pückler-Eis und andere Feinschmeckereien

Vermischtes 8

„Man wird mir vorwerfen, daß ich zu oft vom Essen spreche, aber große Autoren gehen mir darin mit gutem Beispiel zuvor, und was man täglich zwei- bis dreimal tut, darf ein treuer Erzähler, vorausgesetzt, daß es weder unanständig noch eine Sünde ist, nicht immer mit Stillschweigen übergehen."

Während seiner Jugendwanderungen zwischen 1806 und 1810 besucht Pückler auch die Stadt Mailand:

„Auf dem Rückweg traten wir in eine elegante Eisbude, um mailändische sorbetti *(Fruchtsäfte)* und gelati in pezzi *(Gefrorenes in festen Stücken)* zu kosten..."

PÜCKLER-EIS
„Jetzt hat in unserer Hauptstadt *(wohl in Berlin)* der gute Konditor Schulze ein Eis nach mir benannt."
Zitiert nach S. Kohlschmidt in „Cottbuser Generalanzeiger" 30.10. 1990, S.6

Fürst Pückler-Eis. Für 15 Personen.

1,5 l Schlagsahne teilt man in 3 gleiche Portionen. Die eine Portion schmeckt man mit Zucker und Vanille ab und mengt 100g zerbröckelte, süße Makronen darunter. Die zweite Portion färbt man mit einigen Tropfen Breton rosa, gibt ein kleines Glas Maraskino hinein und schmeckt sie mit Zucker ab; zur dritten Portion gibt man 200g fein geriebene Schokolade und den nötigen Zucker. Mit dieser Masse füllt man nun eine hohe Kegelform. Schichtweise oder gibt einen Teil nach dem andern hinein; alsdann schließt man die Form gut, vergräbt sie in Eis und Salz und läßt sie 2 Stunden unberührt stehen, damit die Sahne recht fest gefriert. Beim Anrichten wird das Eis gestürzt.
(Mathilde Erhardt: Grosses illustriertes Kochbuch , Verlagsdruckerei Merkur Berlin 1904)

„Der Ihnen wohlbekannte Kranzler *(Konditor)* unter den Linden *(in Berlin)* hatte noch in keinem Winter so viele Bestellungen auf sein beliebtes „Tutti - Frutti", in welchem sich neben den süßen Früchten hier und da noch eine scharfe Eiskante befindet."
(Friedrich Förster an Pückler, 14.2.1834
BT 8/369

PÜCKLERS MILCHBRUDER
HOMOGALAKTO

Treffliche, lästerliche Persiflage

Ende des Jahres 1836 erscheint in Stuttgart ein Bändchen „Reminiscenzen für Semilasso" von einem gewissen **Homogalakto**. Der „Milchbruder" - so die Übertragung dieses Pseudonyms aus dem Lateinischen - mixt darin ein buntes Allerlei von Reiseschilderung, Historie, philosophischer Sentenz, Gedicht, Anekdote, Aphorismus und mancherlei skurrilen Vorschlägen zu Lebenshaltung und Gesundheitsvorsorge zusammen.
Er plaudert locker über Freimaurerei, Schlafwandeln und Magnetismus, über die Grafen von Putbus und die Schönheit der Insel Rügen, erfindet einen Lebensstufenmesser für ältere Jungfrauen und erklärt die Brust als günstigste Impfstelle gegen Blattern. Jahrelang wurde Homogalakto als Deckname Pücklers betrachtet, der Stil des Buches war so verblüffend ähnlich dem des Fürsten.

Göttliches Bier

Im Geschmack und Komfort ist man hier *(in Bamberg)* noch viel weiter zurück als bei uns. Was aber göttlich ist, ist das Bier, frisch aus den Felsenkellern! Schnucke, ich bin nun auch eine Biertonne geworden, in der steckt
Dein treuer Lou
Pückler an Lucie, 18. Juni 1834
BT 8/223

Branitzer Hausordnung.

1) Vollständige Freiheit für Wirth und Gäste.
2) Jedermann steht auf wann ihm beliebt, und frühstückt was er will und befiehlt, bequem auf seiner Stube.
3) Um 1 Uhr luncheon im Frühstückszimmer, dem jeder Gast beiwohnt oder nicht, ganz nach seinem Belieben.
4) Wer ausfahren oder reiten will, bestellt es beim Hofmarschall Billy. Acht Pferde stehen bereit.
5) Der einzige Zwang besteht darin, zum Diner um 9 Uhr zu kommen, wenn der Tamtam zum zweitenmal donnert. Nur Krankheit, die der liebe Gott verhüte, dispensirt von dieser Pflicht. Nach dem Kaffee ist jedes Menschenkind wieder frei.

Jambon Pückler-Muskau

Der Schinken wird halb weich gekocht abgezogen und in Rheinwein mit Wurzelwerk fertig gedünstet. Den Fond verkoche man mit einer Sauce tortue *(Schildkrötensoße)* und gibt eine Trüffel julienne *(Gemüsesuppe)* hinein. Den Schinken selbst garniert man mit ganzen Trüffeln.

„Warme Fleischspeisen" von M. Richter. Kochkunst - Bibliothek, Heinrich Killinger Verlagsbuchhandlung (o.J.)

Pücklers Leberwurst-Rezept

Schloß Branitz, d. 22. Januar 1860
Mein bester Herr Schafft, da ich höre, daß Sie der berühmteste Fleischermeister für Würste in Cottbus sind, so bitte ich Sie mir zur Probe gefälligst eine Leberwurst zu bereiten, wobei ich folgendes zu berücksichtigen wünsche:
1) soll dieselbe stark gewürzt sein
2) mit frischem Knoblauch gemacht
3) die Speckstücken darin nicht so groß wie gewöhnlich sondern nur kleingeschnitten
4) nehmen Sie auch zum Gewürz weniger Majoran als gewöhnlich.
Ihr ergebener Mitbürger
H. Pückler.
aus: „Cottbuser Anzeiger" vom 6. 12. 1902.

Zigarre macht munter

Mit der Gesundheit geht es la la. Ich schreibe alle Nächte von 11 bis 4, auch 5 Uhr. Punkt 5 wird gegessen, und bis 11 am Tisch gesessen. Im Park bin ich früh nur zwei Stunden, und um abermals Punkt 9 Uhr wird der Tee hereingebracht und getrunken, so daß ich nur wenig schlafe, und wie Kospoth *(Pücklers Schwager)* mir beim Desert oft die Augen zufallen. Mit der Zigarre (deren ich 10 täglich rauche), werde ich aber immer wieder munter.
Pückler an Lucie, Muskau, 7. Dezember 1832
BT 7/244

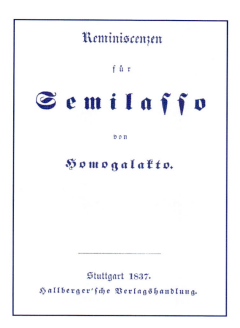

Doch der Autor kannte Pückler nicht einmal persönlich: Friedrich Siemerling (1789 - 1837), Arzt und Schriftsteller in Stralsund, Freund von Pücklers Jugendfreund und Verwalter Leopold Schefer, den er im Mai 1837 - Pückler war auf Weltreisen - besuchte. Auch er stattete der Fürstin von Pückler auf der Rückreise über Berlin einen Besuch ab. Das Ergebnis war ein umfangreicher „Reisebericht über Muskau" - und eben jenes Büchlein, in dem er sich in Semilassos Manier über mancherlei Unarten und über manchen Zeitgenossen lustig machte, eine begabte Lästerfeder ihrer Zeit, die Art und Betrachtungsweise Pücklerscher Schilderungen trefflich und witzig nachahmt.

Vermischtes oder Friedrich Siemerling ahmt Pückler nach

Die höchste geistige Wollust eines Pinsels ist, wenn er für bedeutend gehalten wird.
*
Warum können die Gelehrten nicht schwimmen? Weil sie immer auf den Grund gehen.
*
Welche Ähnlichkeit ist zwischen dem heutigen Adel oder auch dem Arzte mit einer Kartoffel? Man findet den besten Teil (die Früchte) unter der Erde.
*
De mortuis nil nisi bene (lat.: Von den Toten redet man nur Gutes) übersetzte Jener: Von den Toten bleibt nichts übrig als die Beene. Was sagst Du, mein Semilasso! zu der Interpretation Deines Motto´s?
*
Ein vornehmer Schuldenmacher sagte zu einem Freunde: „Ich will mich mit meinen Gläubigern setzen". - „Wird´s nicht an Stühlen fehlen?" fragte der Freund.
*
Ein Offizier stellt sich im Theater so, daß einem Frauenzimmer hinter ihm jegliche Aussicht genommen ist; dasselbe bittet ihn etwas zurückzutreten, worauf er antwortet: „Sehen Sie nicht, daß ich ein Offizier bin!"
„Ja", erwidert sie, „Gemeiner können Sie auch nicht sein."
*
Bei den zum Empfange fürstlicher Personen veranstalteten Feierlichkeiten liegt in den mit Blumen gezierten Huldigungsworten „Lange weile bei uns" die größte Wahrheit. „Weile lange bei uns" ließe sich hören.

Noch im „Deutschen Pseudonymen-Lexikon" von Holzmann und Bohatta, Wien/Leipzig 1906, wird der Name Homogalakto für ein Pseudonym des Fürsten von Pückler-Muskau gehalten.
Der Cottbuser Archivar, Antiquar, Heimatgeschichtler und Buchhändler Walter Drangosch führt in seiner 1956 erschienenen Pückler-Bibliographie (in: „Grundrisse zur Geschichte der Deutschen Dichtung", Akademie Verlag Berlin) mehr als ein Dutzend Werke von bekannten bzw. heute noch nicht bekannten Autoren auf, die unter Nutzung von Pückler-Pseudonymen und -titeln Stil und Themen des Fürsten nachahmten und persiflierten.

PÜCKLERS GLAUBENSSATZ

Die Gesellschaft fortwährend vervollkommnen ...

BLEISTIFTZEICHNUNG VON WILHELM HENSEL

Nur als Bruchstück ist ein Beitrag Pücklers erhalten geblieben, der sein **Glaubensbekenntnis** enthält. Er formuliert es als Antwort auf Presseattacken – z.B. des „frommen Berliner Sonntagsblattes", das seine Bücher als **„unnütze Worte"** abtat – und als Versuch zur Verständigung mit seinen Lesern, die seine „ernste Grundansicht göttlicher und menschlicher Dinge unverhohlen" kennenlernen sollen. Er widmet es vor allem jenen, die nicht verstehen, dass „ich gern Gefühle und Meinungen aller Art schildere, mir auch wohl zuweilen in Vornehmung einer erdichteten Maske gefalle, und manches ironisch vortrage, was nicht selten für baren Ernst genommen wird. „Den unvollendeten Artikel" überschreibt er „Neustes Kapitel aus meiner Lebens-Reise."

Mein Credo.

Ich glaube von der Gottheit, mit Tausenden der jetzigen Zeit und aller Zeiten, eine ihrer Erhabenheit würdigere Vorstellung gewählt zu haben, als die Haufen mannichfaltiger Sektierer, die die Welt erfüllen, sie mögen sich Götzenanbeter, Buddhisten, Bramanen, Feuerverehrer, Juden, Christen, oder wie sie wollen, nennen – und eben deshalb wage ich es nicht, an Gott den kleinen menschlichen Maßstab zu legen, noch den Begriff des Allmächtigen in den beschränkten Kreis menschlicher Qualitäten hineinzuzwängen. Ich lasse Gottes Natur und Wesen dahingestellt sein, dekretiere ihn weder einfach, zweifach noch dreifach, und erteile ihm weder die noch jene Eigenschaft, aus dem sehr natürlichen Grunde, weil ich, als Mensch, nicht die Fähigkeit besitzen kann, Gottes Wesen zu beurteilen noch zu ergründen, und dies auch zu meiner Glückseligkeit gar nicht erforderlich ist. Aber ich glaube, gestützt auf Erfahrung dessen, was mir zu sehen gestattet ward, und auf das allein untrügliche Bewußtsein innerer göttlicher Offenbarung, die jedem gegeben ist, der sie gewahr werden will: daß alles was lebt und ist, zum Wohlsein geschaffen ward, mit der nötigen Zugabe des Schattens zum Licht.
Ich halte demnach auch den Tod für einen Übergang zu neuer Jugend, wie ich überzeugt bin, daß jedem Übel sein richtiges Ziel gesetzt ist.
Unsere geistige Aufgabe betreffend, denn wo Geist ist muß es auch eine solche geben, begreift sie, meiner Meinung nach, nur zweierlei Dinge: uns selbst zu regieren, und das Gebäude der Gesellschaft, in dem zu leben wir bestimmt sind, zu bauen und fortwährend zu vervollkommnen, solange die Menschheit existiert. Daher glaube ich ferner, daß wir unseren Pflichten und der Moral immer auf das Vollständigste genügen werden, wenn wir das gehörige Gleichgewicht zwischen dem, was wir uns selbst auf der einen, und dem, was wir der Gesellschaft (im weitesten Sinne genommen, und auf alles mit uns Existierende ausgedehnt) auf der anderen schuldig sind, in unserer Handlungsweise herzustellen vermögen. Jede Abweichung davon straft sich notwendig und bringt Leid für Andere wie für uns selbst hervor.

BT 2/372

Hensels Porträtzeichnung versah Pückler mit der Inschrift: „Vorwärts im Leben, vorwärts durch den Tod, und beides daher jederzeit willkommen. Hermann Fürst Pückler"

LITERATURNACHWEIS

Anhang 9

Die ausgewählten Textstellen entstammen vorwiegend den in der Staatsbibliothek zu Berlin - Preußischer Kulturbesitz - und im Stadtarchiv Cottbus liegenden Originalausgaben der Werke Pücklers und den nach seinem Tode herausgekommenen Briefen und Tagebüchern, herausgegeben von der Betreuerin seines schriftlichen Nachlasses, Ludmilla Assing. Die Texte wurden mit Neuausgaben verglichen, um z. B. heute übliche Ortsnamen einzusetzen und die Orthografie den gegenwärtig üblichen Normen anzupassen. Fremdsprachige Begriffe und Sentenzen werden in Klammern Kursiv erläutert. Pückler, der im Umgang mit seinen Verlegern auf genauesten Ausdruck achtete, war lässlich in der Schreibung seines eigenen Namens: Seinen Vornamen schrieb er mal mit einem, mal mit zwei r, und bei den meist von ihm veranlassten Inschriften in ägyptischen Tempelanlagen ließ er den Namenszug PÜKLER durchaus gelten. Wenn in Ausnahmefällen trotz der Verlagsbemühungen Rechteinhaber nicht ermittelt werden konnten, bitten wir um Verständnis; Honoraransprüche bleiben (im üblichen Rahmen unter Nachweisführung) gewahrt. Außer den Erstausgaben wurden zu Vergleichszwecken herangezogen und, wenn möglich, der leichteren Zugänglichkeit halber im Textnachweis auch aufgeführt. Im Literaturverzeichnis sind die unter dem Pseudonym „Der Verstorbene" erschienenen Ausgaben mit dem Autorennamen HPM in Klammern gesetzt.

Die Abkürzungen unter den Texten entsprechen folgenden Ausgaben, Bandnummern und Seiten:

AB Ludmilla Assing: Fürst Hermann von Pückler-Muskau. Eine Biographie (2 Bände). Hoffmann & Campe, Hamburg 1873,
AL Hermann Fürst von Pückler-Muskau: Andeutung über Landschaftsgärtnerei. Deutsche Verlagsanstalt, Stuttgart 1977
Ali Hermann Fürst von Pückler-Muskau: Aus Mehemed Alis Reich. Manesse-Verlag, Zürich 1985
AW Fürst Hermann von Pückler-Muskau: Ausgewählte Werke in 2 Bänden. Hg. von Ekhard Haak und Heinz Ohff, Ullstein Berlin 1985
BT HPM: Briefwechsel und Tagebücher. (9 Bände). Hg von Ludmilla Assing. Hoffmann & Campe 1873 bzw. Wedekind & Schwieger, Berlin 1875; Nachdruck von Herbert Lang & Cie.AG Bern 1971
BV (HPM): Briefe eines Verstorbenen (2 Bände). Hg. von Günter J. Vaupel, Inselverlag Frankfurt und Leipzig 1991
DR (HPM): Die Rückkehr (3 Bände) 1. Ägypten; 2. Syrien; 3. Syrien und Kleinasien. Verlag von Alexander Duncker, Berlin 1846-48
DV (HPM): Südöstlicher Bildersaal, 1. Band: Der Vergnügling. Hallerberger´sche Verlagshandlung Stuttgart 1840
Jel Cordula Jelaffke: Fürst Pückler. Verlag Neues Leben, Berlin 1993
RI HPM: Reisebriefe aus Irland. Hg. von Therese Erler, Rütten & Loening, Berlin 1969
SA (HPM): Semilasso in Afrika Th. 1-5. Hallberger´sche Verlagshandlung, Stuttgart 1836
SB Fürst von Pückler Muskau: Südöstlicher Bildersaal. Societäts-Verlag / S. Fischer Verlag, Frankfurt/Main 1981
TF (HPM): Tutti Frutti, Bände 1-5, Hallberger´sche Verlagshandlung, Stuttgart 1834
WS Vorletzter Weltgang von Semilasso. Th. 1-3. Hallberger´sche Verlagshandlung, Stuttgart 1835

Außerdem wurden folgende Werke zu Rate gezogen:

Hermann von Pückler-Muskau: Briefe aus der Schweiz, Sanssouci Verlag Zürich 1981

Liebesbriefe eines alten Kavaliers. Briefwechsel des Fürsten Pückler mit Ada von Treskow, hg. Von Werner Deetjen, Berlin 1938

Der Parkschöpfer Pückler-Muskau, hg. von Helmut Rippl, Verlag Hermann Böhlaus Nachfolger Weimar 1995

Im Spiegel der Erinnerung. Hermann Fürst von Pückler- Muskau, Gartenkünstler, Schriftsteller, Weltenbummler. Edition branitz 1, Fürst Pückler Museum Park und Schloß Branitz, Berlin 1995

150 Jahre Branitzer Park, Gartenkunstwerk, Wandel und Bewahrung. Kolloquium. Edition branitz 3, Fürst Pückler Museum Park und Schloß Branitz, 1. Aufl. Berlin 1998

Helmut Börsch-Suppan, Siegfried Neumann, Beate Schneider. Die Ahnengalerie des Fürst Pückler Museum Park und Schloß Branitz, hg. von der Pückler Gesellschaft e.V. Berlin und der Stiftung Fürst Pückler Museum Park und Schloß Branitz, Kahmann-Druck + Verlag Berlin 1996

Heinz Ohff: Der grüne Fürst, das abenteuerliche Leben des Hermann Pückler-Muskau. Serie Piper, Neuausgabe 1993, R. Piper GmbH & Co München 1991

Heinrich Laube: Die arabischen Pferde des Fürsten Pückler.
In: Sporting-Almanach 1844, Hg. von Otto von Corvin-Wiersbitzki, Leipzig 1844

Bildnachweis

Archiv des Verlages Styria Graz : 66
Fürst-Pückler-Museum Park und Schloß Branitz: 5, 6, 8, 9, 10 (3x), 24, 27, 28, 35, 40, 41(l), 61, 78 (u)
Kupferstichkabinett Dresden: 44 (Reg.nr. 407/96)
Militärverlag der DDR Berlin: 8 (u)
Heide Monjau: Wilhelmine Reichard - erste deutsche Ballonfahrerin...: 19, 20
Museum Bad Muskau: 27 (l), 32, 63
Nationalgalerie Berlin (Preußische Bildnisse des 19. Jhts): 53 (l), 82
Sammlung Krönert: 12 (4x), 16. 18, 20 (u), 22, 25, 26, 30 (3x), 31, 33 (2x), 34, 37 (2x), 41 (r), 42, 45, 51, 53 (r), 54 (u), 55 (2x), 56 (2x), 60, 62, 66, 68, 73, 75-77, 79-80
Sammlung Liersch: 64
Erich Schutt: 7 (3x), 38
Stadtarchiv Cottbus: 11 (r), 13, 14, 15 (r), 21, 23 (l), 29, 36, 38, 42, 47, 54 (o), 81

Danksagung

Mein Dank gilt all jenen, die mit Auskünften, Hinweisen, Übersetzungen und Korrekturen die Arbeit an diesem Buch begleiteten und es auf den Weg brachten. Unterstützung fand ich bei den Städtischen Sammlungen Cottbus, dem Stadtarchiv Bad Muskau, den Stiftungen Fürst-Pückler-Museum Park und Schloß Branitz und Fürst-Pückler-Park Bad Muskau sowie der IBA Fürst-Pückler-Land.
Zu danken habe ich besonders Christian Friedrich und Steffen Krestin sowie Regina Barufke, Siegfried Kohlschmidt, Siegfried Neumann, Beate Schneider; Barbara Saße und Prof. Dr. Falk Weber für Übertragungen aus dem Französischen; den Text- und Bilderfassern Dieter Hubatsch, Reinhard Krönert, Jutta Menzel, Christine Ullrich und Viola Sprejz.

H.-H. Krönert

Besonderer Dank
gilt denen, die diesem Projekt ihre besondere Aufmerksamkeit schenkten und es wohlwollend begleiteten:

Bauunternehmung E. Heitkamp GmbH
Familie Ernst Nickel, Weißwasser
Fürst Pückler Hotel, Krauschwitz
Modell- und Formenbau E. Krahl, Krauschwitz
Stadtverwaltung Cottbus
SpreeGas GmbH Cottbus
Stadtwerke Weißwasser GmbH
Verein Pro Brandenburg Potsdam

Interforum e.V.

Impressum

ISBN	3-936092-65-6
Autor:	Hans-Hermann Krönert
Lektorat:	Herbert Schirmer
Herausgeber:	Interforum e.V.
Projektentwicklung:	Dieter Hubatsch
Gestaltung:	Rolf E. Hartmann
Realisierung:	Regia Verlag Cottbus, 2002
	Tel. 0355/79 07 66
	www.regia-verlag-cottbus.de
	e-mail: regia-verlag@t-online.de